LE SOUDAN

SES RAPPORTS AVEC

LE COMMERCE EUROPÉEN

PAR

JOHN MANUEL

Membre de l'Institut d'Égypte,
Membre de la Société de Géographie de Paris.

PARIS
IMPRIMERIE DE E. MARTINET
RUE MIGNON, 2
1871

LE SOUDAN

SES RAPPORTS AVEC

LE COMMERCE EUROPÉEN

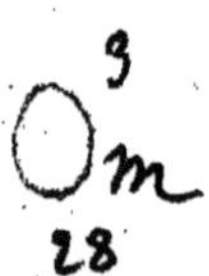

LE SOUDAN

SES RAPPORTS AVEC

LE COMMERCE EUROPÉEN

PAR

JOHN MANUEL

Membre de l'Institut d'Égypte,
Membre de la Société de Géographie de Paris.

PARIS

IMPRIMERIE DE E. MARTINET

RUE MIGNON, 2

1871

A SON EXCELLENCE

NUBAR PACHA

Ministre des affaires étrangères d'Égypte.

EXCELLENCE,

Lorsque j'ai été admis à vous soumettre mon travail sur la géographie intérieure du Soudan, vous avez bien voulu l'honorer de votre approbation et de votre bienveillant appui.

Permettez-moi, aujourd'hui, de vous présenter ce livre qui est la continuation et le corollaire de ma première œuvre. C'est là, sans doute, un faible témoignage de ma gratitude envers vous, mais Votre Excellence en doublera le prix en daignant en agréer l'hommage.

Je vous prie de recevoir l'assurance de mes sentiments respectueux.

JOHN MANUEL

Membre de l'Institut d'Égypte

et de la Société de Géographie de Paris.

Alexandrie (d'Égypte), le 4 novembre 1871.

LE SOUDAN

SES RAPPORTS

AVEC LE COMMERCE EUROPÉEN

La partie du Soudan sur laquelle nous avons entrepris la publication de quelques notions commerciales et géographiques, comprend, entre le 20e parallèle nord et le 8e sud, le 22e de longitude et la mer Rouge, une surface égale en étendue à celle de l'Europe, moins la Russie et la presqu'île Scandinave. Nous en avons décrit les divisions dans une carte près d'être publiée, sur laquelle nous avons réuni et coordonné entre elles la plus grande partie des indications recueillies sur ces contrées, tant aux points de vue géographique et ethnographique, qu'en ce qui touche aux relations déjà existantes entre ces régions et le commerce européen.

Des plumes plus autorisées et assurément mieux exercées que la nôtre eussent donné à ce travail un relief qui en aurait doublé l'intérêt et la portée ; et si nous avons cédé aux instances qui nous ont poussé à entreprendre cette modeste publication, c'est uniquement par considération pour l'autorité des personnes qui nous y ont convié et ont jugé utile de voir compléter, par quelques développements plus étendus, les indications données sur notre carte du Soudan oriental et équatorial. Puissions-nous avoir répondu à leurs vues et ne pas être resté trop au-dessous de la tâche difficile que nous nous sommes imposée !

Bien des écrits ont été publiés sur les contrées que nous allons esquisser à grands traits, chacun d'eux donnant des indications précieuses à tous égards, mais qui restent trop circonscrites dans le seul cadre des pays dont ils présentent la description ; le but de notre travail a été de réunir celles de ces indications que nous avons pensé être les plus propres à aider à la connaissance des divers courants commerciaux, qui, tout en rayonnant dans des directions distinctes et apparemment étrangères entre elles, tendent néanmoins à converger vers un centre commun, exploitant à peu près les mêmes produits et utilisant à peu près aussi les mêmes signes d'échanges conventionnels, puisés dans des centres manufacturiers différents. L'étude de ces divers courants nous a paru renfermer d'utiles enseignements pour l'avenir du commerce européen en général et la connaissance des productions soudaniennes ; leur mouvement vers une direction centrale commune est sensiblement appréciable pour ceux dont la base d'opération s'appuie sur les ports de Mélinde, Zeïla et Tadjoura, sur l'Océan, Massaoua et Souakim, sur la mer Rouge, pour aboutir dans le pays des Gallas entre 31° et 34° de longitude, et en latitude entre l'équateur et le 4e parallèle septentrional ; c'est ce qui rend compte comment les premiers voyageurs qui atterrirent à Gondokoro, en remontant le fleuve Blanc, s'étonnèrent de rencontrer, entre les mains d'indigènes Berry (Gallas occidentaux), des objets manufacturés dont l'origine indiquait l'importation, par des caravanes venant de l'ouest, soit de la mer Rouge, soit de l'Océan.

Ces courants ne nous paraissent pas susceptibles d'acquérir un plus grand développement latéral, à raison de la concurrence que les caravanes rencontreraient sur les marchés situés en dehors de leur surface d'exploration actuelle ; mais il ne saurait en être de même pour ceux qui prennent à Zanzibar ou au Caire leur base d'opération. Le premier, projetant sa direction perpendiculairement à l'Océan, s'enfonce, en s'élargissant, dans les contrées intérieures au delà des grands lacs ; nous savons déjà par Speke, et plus récemment par Livingstone, que les traitants arabes de Zanzibar pénètrent jusqu'à Warawwa, sous le 26° de longitude, sur un cours d'eau, le Lualaba, qui fait communiquer entre eux trois lacs que ce dernier explorateur suppose se relier au Nil Blanc ; peut-être même poussent-elles leurs excursions jusqu'à Kabebe, ville située plus à l'ouest dans la région des sources du Zambèze, visitée en 1806 par les Portugais Jean Baptiste et Paul Pombeiros. Quoi qu'il en soit, l'incertitude où nous sommes sur les ressources de ces contrées presque inconnues, sur la nature et la densité des populations qui les habitent, ne saurait permettre d'apprécier, avec quelque probabilité, l'importance que pourrait avoir pour l'avenir une extension poussée jusqu'à ces limites extrêmes où tout porte à croire que les caravanes de Zanzibar rencontreraient la concurrence des comptoirs portugais de la côte occidentale.

Notons, en passant, que cette région centrale peut être considérée comme le réservoir culminant des eaux qui descendent à l'océan Atlantique, à l'océan Indien et à la Méditerranée par le Zaïre, le Zambèze et le Nil.

Disons encore que ce grand courant commercial tend sensiblement à se retirer des rives septentrionales du Victoria Nyanza, dont s'approchent graduellement les traitants égyptiens ; c'est donc indiquer que sa ligne d'extension, dans cette direction, est définitivement limitée, avec tendance marquée à se replier vers le sud.

Au point de vue des relations à ouvrir avec les populations nombreuses qui occupent l'immense bassin du lac Tschad, nous avons lieu de penser que le temps est peu éloigné où, abandonnant les lignes de parcours qui aboutissent à la Méditerranée à travers le Sahara, le commerce de ces populeuses contrées pourra se porter sur le Nil par le Bahr-el-Gazal. Jetons un coup d'œil sur la géographie de cette partie du continent africain et examinons, d'une manière générale, l'ensemble des dispositions topographiques qui nous semblent devoir justifier cette opinion.

A part l'étroite zone méditerranéenne qui, de l'océan Atlantique jusqu'à la Tunisie, longe la côte sur une largeur moyenne de vingt-cinq à quarante lieues, et où des pluies hivernales abondantes entretiennent la végétation, l'immense Sahara étend une masse de sables qui, sur toute la plus grande largeur du continent, de l'Océan à la mer Rouge, dépasse au sud le 10e parallèle en se rétrécissant dans sa partie orientale. L'absolue stérilité de ce plateau, à peine interrompue par quelques sources artésiennes, forme une barrière immense, et que l'on devrait supposer infranchissable, entre le Soudan et la Méditerranée. Les hasards de la navigation sont des jeux, comparativement aux dangers qu'affronte, dans ces effrayantes solitudes, le voyageur assez téméraire pour exposer sa vie et sa fortune aux chances d'une pareille traversée; la moindre déviation de route, la plus petite absence de précaution, conduit à une perte certaine, à une fin irremédiable; plus encore que sur l'immensité des mers faut-il compter et composer avec des hordes de pillards, les redoutables Touaregs, qui peuplent seuls et régissent en despotes absolus ces solitudes sans bornes, et dont les déprédations justifient trop bien le proverbe arabe qui les accuse d'avoir « *anéanti plus de caravanes que le brûlant Simoun...* » Ajoutons, comme exemple des catastrophes que peut occasionner la moindre déviation de route dans ces immenses espaces, qu'en 1805 la grande caravane de Fez à Tombouctou périt tout entière dans les sables!... Elle se composait de plus de deux mille personnes et d'un convoi de bêtes de somme considérable. Tout fut englouti!...

Cependant, et malgré tant de périls et de difficultés à

affronter, le commerce arabe a su se créer des relations commerciales sur le grand marché du haut Niger, et exploiter avantageusement un mouvement d'échange avec les côtes de la Méditerranée. Deux caravanes partant annuellement, l'une du Maroc, l'autre de la Tripolitaine, traversent, dans sa plus grande largeur, cette immense région saharienne; le trajet, en ligne presque directe jusqu'à Tombouctou, est, pour l'une, de quatre cents et pour l'autre de cinq cent cinquante lieues environ; il s'effectue dans un délai variant de cent à cent trente journées à travers des obstacles et des accidents de route sans nombre qui réduisent, dans une notable proportion, l'importance et la qualité des marchandises transportées.

On a soulevé, depuis quelques années, la proposition d'ouvrir une ligne de communication plus directe sans doute, qui amènerait sur les marchés algériens le courant commercial annuel existant entre Tombouctou, le Maroc et la Tripolitaine; elle présenterait incontestablement des avantages sérieux, dans ce sens que les oasis avançant plus profondément dans les solitudes sahariennes, vers le sud des provinces algériennes, diminueraient d'autant les périls de la zone absolument stérile, et partant les chances d'aléa qui en résultent. Nous ne discuterons point les avantages possibles à en espérer; nous nous bornerons seulement à insister sur ce fait principal, qu'une ligne de parcours de plusieurs centaines de lieues d'étendue, à travers des contrées absolument désertes, où la sécurité des marchandises aussi bien que la vie des individus sont continuellement mises en question, ne saurait constituer, dans aucun temps ni à aucune époque, un débouché important et suivi des produits d'une région aussi considérable que celle du Soudan central avec la côte méditerranéenne, quelque valeur que l'on accorde aux traités passés avec les chefs de hordes touarègues pour assurer aux caravanes sûreté et protection. Cette opinion prendra une bien plus grande autorité encore si l'on considère que l'extrême limite de cette ligne n'atteint nullement au centre même des pays de production qu'elle serait supposée exploiter, mais bien seulement à un marché intérieur, éloigné lui-même de près de quatre cents lieues du Soudan central, sorte d'échelle avec laquelle les tribus musulmanes du haut Niger trafiquent par ce fleuve; d'où nous tirons cette conclusion, que les relations, dans les pays d'échanges surtout, se portent toujours près des cours d'eau navigables de préférence à toute autre direction, même de celles qui tendraient à diminuer les distances. Cette vérité est surtout applicable au continent africain, où les explorateurs portugais n'eussent jamais établi de relations commerciales avec les régions centrales s'ils n'y avaient été conduits par les voies d'eau qu'ils se sont appliqués à suivre et sur lesquelles seules ils ont créé des établissements; cette règle trouve encore une incontestable justification dans l'inclémence d'un climat brûlant qui oblige à tenir, plus qu'ailleurs, très-grand compte des ressources à tirer du pays exploité, soit pour la plus grande facilité des transports, soit pour se procurer des moyens de subsistance qu'il ne faut point s'attendre à recevoir du dehors.

La région, encore très-imparfaitement connue, du Soudan central, privée jusqu'ici de communications directes avec le commerce européen, est comprise entre les 5e et 20e degrés de longitude orientale, les 10e et 15e de latitude septentrionale. Cette mesure, très-arbitraire, se définit mieux en la supposant renfermée dans les limites générales suivantes : d'occident en orient, à partir du cours du Niger ou Kouara à la longitude du lac Fitri; du sud au nord, depuis les chaînes de montagnes qui confinent aux hauts plateaux des régions trans-équatoriales jusqu'aux dernières pentes sahariennes voisines du 15e parallèle. Telle est en effet la vaste étendue du bassin dont le lac Tschad occupe le centre. Cette contrée nous a été révélée par les géographes des XVIe et XVIIe siècles avec assez d'exactitude, puisque le lac Tschad occupe aujourd'hui, sur nos cartes, la même position que celle qu'ils donnent au lac Borno, d'où ils font sortir le Niger, suivant en cela les anciennes données ptoléméennes. Avant eux le portugais Jean de la Cosa, vers la fin du XVe siècle, place presque avec hésitation ce lac sur sa carte ; il en fait sortir un cours d'eau qu'il envoie rejoindre le Nil un peu au nord au 25e degré. Edrisi, vers le milieu du XIIe siècle, supplée aux indications géographiques par d'intéressantes données sur les distances d'un lieu à un autre, appliquées sans aucun doute à d'anciennes traditions sur les différentes lignes de parcours connues de l'antiquité. Il est intéressant d'y remarquer une ligne qui, partant du lac *Caügä* (le Tschad), aboutit à *Dancala*, ville qu'il place assez exactement au lieu où se trouve le Dangola de nos cartes ; et la distance de trente journées de marche, dont il donne l'indication, correspond parfaitement au temps qu'emploierait de nos jours une caravane à faire le même trajet ; d'autres lignes, tout aussi arbitrairement tracées que la précédente, semblent également indiquer des communications commerciales très-anciennement établies entre des villes dont les noms trouvent encore aujourd'hui leur équivalent étymologique en ceux de Germa (Fezzan), Kuku (Kouka, près le lac Tschad), Maraksch (Maroc), et d'autres. Ces indications nous ont paru précieuses ; car, continuées par celles que nous a laissées Léon l'Africain cinq siècles plus tard, elles révèlent clairement que, depuis les temps historiques jusqu'à nos jours, le commerce avec le Soudan central a été exploité avec avantage par toutes les civilisations.

Nous comprenons que ces régions lointaines dont Clapperton, Barth, Richardson et autres nous ont révélé les ressources, aient de tout temps attiré l'attention et sollicité la cupidité des peuples à toutes les époques ; leurs productions sont aussi riches que variées et deviennent chaque jour plus recherchées par l'industrie. Le coton, le tabac, l'indigo, y croissent presque partout spontanément. Ce dernier produit, récemment analysé, a révélé une grande richesse territoriale ; le riz abonde dans toutes les parties arrosables du sol ; des arbres énormes, d'essences à peu près inconnues, croissent à côté de tous ceux que l'on rencontre à l'est comme à l'ouest du continent sous la même zone, et couvrent les sommets des collines aussi bien que les bas-fonds des vallées... Des rhinocéros et des éléphants aux défenses énormes pullulent surtout aux abords marécageux du Tschad et de ses affluents ; des peaux précieuses se perdent ou ne sont pas exploitées faute de la préparation nécessaire à leur conservation ; les dépouilles d'autruches y sont nombreuses, fort belles et à très-bas prix ; plusieurs ruisseaux charrient de l'or en paillettes, très-imparfaitement recueilli ; il est d'un titre très-élevé et est très-recherché dans tout le Soudan ; enfin les indigènes exploitent aussi de l'étain dont la qualité a été jugée ne pas être inférieure aux meilleures provenances de Malacca.

Tel est le bilan bien imparfaitement connu des ressources naturelles d'une contrée que nous pouvons considérer, nous le répétons, comme étant privée de tout rapport avec le commerce européen, car elle est enfermée au nord et à l'ouest par des déserts du plus difficile accès ; il appartient aux explorateurs des hautes régions du Nil, d'ouvrir à tant de richesses inexplorées un débouché profitable à tous les intérêts, de même qu'il appartient aussi aux pays de grandes manufactures d'apporter leurs produits à des populations qu'un état de civilisation, relativement avancé, dispose très-avantageusement à en apprécier l'emploi et la consommation.

En dehors de la ligne de communication la plus directe

à établir entre le bassin du Tschad et la Méditerranée, à travers le Sahara, aucune direction ne nous paraît plus propice et plus sûre que celle qui tendrait à rapprocher les trafiquants du Haut-Djour de ces contrées centrales dont à peine cent cinquante lieues les séparent. Le pays à parcourir nous est encore inconnu, il est vrai, mais tout indique qu'une exploration envoyée dans cette direction ne saurait rencontrer de sérieuses difficultés.

Chercher plus au nord du 13e degré l'ouverture d'une route commerciale entre le fleuve Blanc et le bassin du lac Tschad, nous paraîtrait trop s'éloigner des lignes fluviales qui doivent le plus contribuer à son utilité aussi bien qu'à la prospérité des établissements à fonder sur son parcours; ce serait aussi se rapprocher par trop des régions inhospitalières du Waday, dont les sultans sont particulièrement hostiles à tous rapports avec l'Égypte pour des raisons politiques que nous aurons l'occasion d'indiquer plus loin. Du reste, les données que nous avons sur le système hydrologique de cette région sont tellement vagues et contradictoires, que toutes les suppositions sont admissibles sur un pareil sujet; nos idées nous porteraient à croire, avec assez de vraisemblance, qu'au delà de la latitude que nous venons d'indiquer, ce système doit uniquement consister en un réseau de courants torrentueux alimentés par les pluies hivernales que l'on doit supposer être peu abondantes sous cette zone voisine, au nord, de la limite des pluies tropicales. Il faut admettre aussi, comme seconde raison à l'appui de cette hypothèse, l'action desséchante des vents du désert libyque et tenir grand compte de leur puissante force d'absorption. Nous avons une relation du malheureux Vogel, indiquant que, se trouvant en 1853 non loin du lac Fitri, il apprit d'un naturel Kanembous que ce lac se trouvait être cette année-là complétement desséché; citons aussi le major Denham, auquel un indigène riverain de ce lac apprit que ses congénérès lui donnaient le nom d'*Eau du Darfour*, d'où il y a lieu de supposer qu'il doit sa seule alimentation aux courants descendant pendant la saison des pluies des versants ouest des monts Marrah. Or, comme les crêtes de ces montagnes n'atteignent pas à mille mètres d'altitude au-dessus de la mer, soit à moins de cinq cents mètres au-dessus du niveau du Nil à la même latitude, et comme cette chaîne paraît être la seule qui existe dans cette région, nous devons croire à l'absence complète d'un système orographique susceptible d'entretenir, pendant la saison sèche, soit huit mois de l'année, des sources capables d'alimenter des courants d'eau permanents de quelque importance. Par les mêmes raisons, nous concluons aussi que les affluents du Bahr-el-Gazal, qui viennent du nord-ouest, ne sauraient avoir qu'une très-faible importance, et c'est bien en effet ce que nos connaissances géographiques actuelles paraissent démontrer.

Quelques degrés plus au sud, le sol semblerait présenter un aspect tout différent. Nous penchons à croire que le même relief de terrain qui, vers le 10ᵉ de latitude, oppose aux eaux du Nil et des affluents du Bahr-el-Gazal une barrière naturelle et les contraint à prendre brusquement leur écoulement vers l'est, se prolonge vers le nord-ouest jusqu'au lac Tschad, qui, comme le Bahr-el-Gazal, devient ainsi le récipient des eaux abondantes descendant des montagnes ou hauts plateaux situés à un ou deux degrés plus au sud. De cette disposition résulterait l'existence d'une dépression de terrain courant de l'est à l'ouest, formant une large vallée dont le bas-fond doit contenir des lacs ou des rivières permanentes et d'une certaine importance, puisqu'elles recueilleraient les courants d'eaux descendant des régions méridionales placées dans la zone des pluies tropicales très-abondantes.

Cette hypothèse se trouve, en effet, en partie confirmée par les connaissances actuelles, quoique imparfaites encore, de la géographie des deux points extrêmes de cette vallée.

Prenons d'abord la direction du Chary, dont les eaux déversent dans le lac Tschad un volume trop considérable en toute saison pour ne pas admettre qu'il prend une copieuse alimentation dans un ou plusieurs grands bassins supérieurs. La partie de son cours qui nous est connue indique un courant venant du sud-est et semblerait descendre de l'endroit assigné sur nos plus récentes cartes au lac Hathouase (peut-être le Toumbori de la carte de Barth ou le Kocy Dabo d'où les indigènes font sortir ce fleuve d'après d'Escayrac de Lauture) (1); ce lac serait situé par le 7ᵉ et le 6ᵉ degré de latitude, entre le 16ᵉ et le 18ᵉ degré de longitude, à 180 lieues environ et directement à l'ouest du Bahr-el-Gazal; Denham l'indique vaguement à la même position sans lui donner de nom. Si maintenant, remontant vers le sud-est, nous considérons le cours du Baboura mentionné par Poncet et qu'a approché Piaggia de quelques lieues en 1865, sa direction vers le bassin de l'Hathouase dont il est vraisemblablement un affluent, la permanence et le volume de ses eaux démontrée par la grosseur de ses poissons et celle des coquillages recueillis sur ses bords par les compagnons indigènes de Piaggia, ne nous indiquent-ils point, ou une branche principale du Chary, ou l'un de ses affluents supérieurs s'il n'est ce fleuve lui-même ?...

Ces déductions nous paraissent être d'un grand intérêt pour le développement futur des connaissances géographiques destinées à ouvrir au commerce des horizons nouveaux ; il pourrait en résulter, dans des temps peu éloignés, la découverte d'une voie de navigation fluviale entre le bassin du Tschad et celui du haut fleuve Blanc, si ces deux bassins ne font pas partie d'une seule et même dépression

(1) *Mémoire sur le Soudan*, 1856.

de terrain dont les bas-fonds sont les collecteurs naturels des courants d'eau qui descendent au sud.

Cette nouvelle ligne ouvrirait ainsi un nouveau courant de relations avec des populations qui nous sont déjà en partie connues ; elle reculerait jusqu'au Niger la limite occidentale du commerce d'échanges avec la Méditerranée par l'Égypte et mettrait en communication directe et facile les grandes villes du Bornou avec le Bahr-el-Gazal.

Telle est, enfin, la ligne d'exploration sur laquelle il aurait été d'une utilité générale et incontestable de voir attirer une partie de la sollicitude que le gouvernement actuel de l'Égypte accorde à des expéditions qui, en s'étendant plus au sud à la recherche de l'inconnu, ne nous paraissent pas devoir procurer des résultats pratiques immédiats bien appréciables pour les intérêts qu'elles semblent avoir mission de développer. Elle comprendrait à peine un développement de deux cents lieues à partir des deux extrémités que nous avons indiquées, et s'étendrait à travers une contrée dont la fertilité et les ressources nous paraissent garanties par l'existence de cours d'eaux importants, sinon navigables sur toute l'étendue de leur parcours ; elle ouvrirait aux transactions une voie nouvelle avec des nations dont l'état de sociabilité nous est déjà connu, groupées autour de villes capitales comptant jusqu'à 50 à 60 000 habitants, telles que Kano et Sakatou, et procurerait aux nombreuses populations musulmanes qui y prospèrent sous la domination de sultans indépendants, une route sûre et facile pour se rendre au pèlerinage vénéré de la Mecque, qu'ils ne peuvent fréquenter aujourd'hui que par Mourzouk, le Wadaï et le Darfour, à travers une série non interrompue de fatigues et de dangers de tous genres.

Si nous avons cru devoir nous étendre un peu longuement sur des considérations que nous n'avons pas lieu de croire étrangères au sujet que nous nous sommes proposé d'esquisser, c'est qu'il nous a paru utile d'examiner l'immense développement que serait susceptible de prendre une exploitation régulière des ressources commerciales soudaniennes et le débouché considérable des produits manufacturés européens qui en serait la conséquence naturelle et obligée. Il y a lieu de méditer sur cette tendance bien marquée qui pousse nos explorations actuelles vers le centre de l'Afrique, de ne se préoccuper que de la recherche des extrêmes limites du Nil Blanc, sans songer à fixer sur le sol parcouru quelques semences civilisatrices. Nous ne doutons pas un instant que les connaissances géographiques n'aient à gagner à cet élan soutenu et encouragé par toutes les sociétés savantes, et, pour notre compte personnel, nous nous y associons de tout cœur ; mais tient-on un compte suffisant des intérêts auxquels il est appelé à préparer les voies ?... Nous ne le pensons pas, et, tout en reconnaissant les efforts qui ont été tentés dans ce sens, nous devons les tenir pour bien inférieurs à ceux que l'initiative individuelle a provoqués et que quelques hardis et courageux trafiquants européens ont su accomplir dans les contrées du haut fleuve Blanc, que, les premiers, ils nous ont fait connaître ; il faut leur tenir compte de ce fait, qu'à défaut de connaissances géographiques bien exactes et complètes, nous leur devons tout au moins des données générales très-appréciables sur l'avenir du commerce de ces contrées avec l'Europe et une exploitation très-superficielle, sans doute, des richesses de ces pays, mais qui a été assurément profitable à bien des intérêts et sera féconde en résultats dans un avenir peu éloigné.

Si les idées qui président aux destinées politiques et économiques de l'Égypte ouvraient libéralement à tout venant la libre exploitation du commerce soudanien, en appelant et protégeant toutes les entreprises, en conviant toutes les aptitudes que les aspirations aventureuses, l'esprit d'émigration, l'ambition d'acquérir, poussent à l'expatriation, dans moins d'un demi-siècle les riches contrées aujourd'hui à peine connues et à demi désertes compteraient des villes florissantes, des comptoirs commerciaux importants; et l'Égypte verrait bientôt circuler sur son territoire, de la Méditerranée à l'équateur, du Niger à la mer Rouge, un courant commercial à nul autre comparable, et, avantage inappréciable, convergeant vers un port de mer unique, celui d'Alexandrie, qui est à la fois une grande place de commerce et, comme New-York, la capitale effective du pays.

Et ce ne sont assurément pas les citations de semblables transformations qui font défaut. L'Australie était encore, au siècle dernier, la *Terra australis incognita* de nos cartes, et il y a soixante ans à peine un lieu de déportation pour les criminels; aujourd'hui l'esprit d'aventure, habilement dirigé et secondé par une nation à vues larges et pratiques, en a fait le plus beau fleuron de la couronne d'Angleterre; une seule de ses villes, Melbourne, à peine fondée en 1837, compte aujourd'hui une population de 300 000 âmes!... Qu'était l'Amérique du nord vers la fin du dernier siècle? on en jugera par le fait suivant, d'une éloquence qui dispense de tout commentaire: En 1784 un navire américain arriva à Liverpool ayant à bord *huit balles de coton;*... elles furent saisies par les agents de la douane sous le prétexte *qu'une telle quantité n'avait pu être produite aux États-Unis.* Sous une latitude analogue à celle du haut fleuve Blanc, le Brésil ne nous donne-t-il pas l'exemple d'une prospérité chaque jour croissante et uniquement due à l'immigration européenne, appelée, sollicitée, subventionnée même par le gouvernement impérial? et quels sont les colons qui, à côté de l'élément portugais, sont venus demander au sol brésilien une existence meilleure sous un ciel plus chaud que le leur ? Des Allemands, des Suisses, des Français, qui ont rencontré la fortune là où ils n'espéraient que trouver à vivre et qui, désormais fixés sur ce sol hospitalier, appellent chaque année auprès d'eux quantité de leurs compatriotes !...

Tels sont les fruits d'un appel intelligent et loyal fait à l'initiative des populations laborieuses. Pour étendre et développer à l'étranger le commerce soudanien, comme pour ouvrir aux produits manufacturés de tous pays un important débouché dans ces mêmes régions, il faut d'abord des bras pour féconder le sol et non exclusivement des trafiquants indigènes, inconscients de leur mission, butinant et dilapidant à outrance des richesses naturelles dont ils tarissent les sources en violentant et démoralisant les populations par le honteux trafic esclavagiste. « Je pense, dit le regretté lieutenant Mage dans sa toute récente relation sur le haut Niger, je pense que le seul moyen d'implanter la civilisation en Afrique serait l'établissement de centres coloniaux sur les principaux fleuves, afin que de ces points il se produisît un rayonnement salutaire et un courant civilisateur qui ne tarderait pas à les joindre l'un à l'autre. » Et, non moins explicite que nous quant aux effets désastreux que produit sur les populations indigènes l'exploitation déréglée des trafiquants maures, il ajoute : « Tous les maux de l'Afrique proviennent d'eux ; ni dans nos colonies actuelles, ni dans celles qu'on fondera plus tard, ni même quand ce trafic se présente sous les dehors les plus séduisants, comme cela arrive quelquefois au Sénégal, jamais, dans aucune circonstance, on ne doit l'encourager. Le combattre ouvertement serait peut-être un mal, l'encourager en est un plus grand ; c'est un crime par complicité.... »

Affirmons donc hautement qu'à l'orient comme à l'occident de l'Afrique, les mêmes causes produisent les mêmes effets aux deux extrémités du continent ; nous aurons plus d'une fois l'occasion d'apprécier cette triste vérité.

Examinons maintenant et séparément chacun des courants commerciaux dont nous avons marqué l'indication par des teintes distinctes sur notre grande carte du Soudan oriental et équatorial, et voyons quel est l'état actuel de leurs rapports avec les différents ports de mer qui leur servent de base d'opération.

I

Le plus important des comptoirs de la côte orientale d'Afrique est assurément Zanzibar, soit par le nombre des caravanes qui fréquentent ce marché et la quantité d'affaires qui s'y traitent, soit par l'étendue considérable des contrées qu'elles explorent et dont les limites connues peuvent se déterminer avec quelque certitude, de la manière suivante : au sud, vers le 10e degré de latitude ; à l'ouest, le 26e degré de longitude, au delà des rives du Tanganika ; à l'est, la chaîne des monts Kenia et Kilimandjaro ; enfin au nord l'équateur, ou peut-être le premier degré de latitude septentrionale.

Cet immense pays, exclusivement parcouru par les trafiquants de Zanzibar, renferme diverses localités qui servent, à la fois, de marchés d'échanges et de lieux d'entrepôts, sortes d'échelles entre la côte et les extrêmes limites des contrées explorées. Nous signalerons les plus connues.

Zungomero, à trente lieues environ de Zanzibar, situé sur le grand parcours des caravanes qui, de la côte, se rendent dans l'intérieur du pays, est pour elles un point de jonction et d'échanges assez important, une sorte d'étape où maîtres, porteurs et esclaves prennent quelque repos. Là se rencontrent fréquemment les trafiquants venant de l'ouest et du sud ; ils y échangent mutuellement les objets qui leur sont le plus nécessaires pour continuer leur route ou compléter leurs approvisionnements.

Deux degrés et demi plus à l'ouest, le village d'*Ugogo* est aussi un point de jonction des caravanes de Kazeh et Khokoro ; elles n'y séjournent guère que le temps nécessaire au repos des convois ; comme Zungomero, c'est moins un entrepôt qu'une étape de passage, utilisée par quelques échanges qui deviennent d'autant plus nombreux et importants que la distance de la côte est plus considérable.

Trois degrés plus à l'ouest et toujours sur la grande artère qui fait communiquer Zanzibar avec les hauts plateaux de l'intérieur, se trouve *Kazeh* ou *Taboro ;* quelques détails sont nécessaires sur ce point, qui présente une certaine importance.

Situé au milieu d'une contrée peuplée et riche en végétaux de toute sorte, Kazeh forme un centre commercial vers lequel convergent de toutes les directions les caravanes venant de la côte ou de l'intérieur. Tout le pays au milieu duquel est située cette petite métropole soudanienne est un plateau élevé de seize à dix-huit cents mètres environ au-dessus de l'Océan ; les indigènes lui donnent le nom d'*Ouniamoezi*, ou *Pays de la Lune*, nom qui rappelle les *Montes Lunæ* d'où le célèbre géographe d'Alexandrie fait sortir les sources du Nil. Faisons remarquer, en passant, ce qu'il y a d'étrange dans cette circonstance, qu'à travers un espace de dix-huit siècles, pendant lesquels ce pays est resté complétement ignoré, nous retrouvions le même nom, attribué à la même contrée, comprise dans le système montagneux qui cache encore aux investigateurs modernes les mystérieuses sources du grand fleuve.

Quoi qu'il en soit de cette synonymie, Kazeh, que Burton et Speke nous ont fait connaître pour la première fois, devait être depuis longtemps un centre de commerce dont l'importance a dû s'accroître depuis que les Européens se sont établis à Zanzibar. Les Portugais, qui, bien avant nous, ont eu des relations commerciales avec ces régions, n'ont pas, que nous sachions, fait mention de ce marché; mais leur silence n'amoindrirait pas notre appréciation, leurs voyages s'étant peu éloignés des côtes dans ces parages, et les données géographiques qu'ils nous ont laissées sur l'intérieur du pays n'ayant jamais eu qu'une valeur très-contestable, au moins comme exactitude.

Les traitants arabes possèdent à Kazeh des magasins palissadés où viennent s'accumuler les marchandises apportées de Zanzibar, aussi bien que celles qu'ils se disposent à diriger sur la côte ; ils font leurs échanges avec les caravanes de l'intérieur, qui elles-mêmes vont faire une opération analogue sur des marchés plus éloignés. La sécurité y est relativement satisfaisante ; un chef musulman est chargé d'y pourvoir, et il s'en acquitte plus ou moins consciencieusement moyennant une certaine redevance que les trafiquants entrepositaires lui servent en nature avec une régularité qui a toujours besoin d'être sollicitée; cependant, et par un surcroît de précautions dont les circonstances justifient trop souvent l'utilité, chacun d'eux entretient dans l'enclos ou l'abri qui sert de magasin, un certain nombre d'hommes armés commis à la garde des marchandises, et qui, pouvant se réunir en cas de danger commun, opposeraient, au besoin, une force respectable aux convoitises possibles de leur protecteur attitré.

Kazeh reçoit du sud, par Khokoro, les caravanes qui parcourent les pays de *Lobemba* (10° parallèle), *Unanga*, *Uungu*, *Ubena*, *Warua* (7° et 8° parallèle), contrées encore presque inconnues; de l'ouest, *Ujiji* lui envoie, en échange des objets importés de Zanzibar, les produits des deux rives du Tanganika ; au nord-ouest, Kazeh trafique très-activement aussi avec les contrées mieux connues que Speke nous a révélées pour la première fois dans son voyage de 1862. L'esprit d'envahissement qui pousse vers le sud les trafiquants égyptiens du haut fleuve Blanc, menace, il est vrai, d'amoindrir ces relations ; mais Kazeh n'en conserve pas moins intact le monopole exclusif des courses dans tout le pays situé à l'ouest du Victoria Nyanza, contrée populeuse et qu'une sorte de civilisation relative semble préparer à recevoir et consommer certains produits de nos manufactures, parmi lesquels les tissus des Indes, les épices, les aromates d'Arabie et du golfe Persique ont la préférence. Enfin le plateau de *Masaï* au nord-est, qui nous est absolument inconnu, mais qui, en dépit des indications contraires des trafiquants arabes intéressés à cacher la vérité, nous paraît devoir être traversé par des courants d'eau douce que les massifs neigeux du Kenia et du Kilimandjaro déversent probablement dans le bassin du lac Victoria ; cette vaste contrée, disons-nous, envoie aussi à Kazeh une partie des caravanes qui la parcourent et dont les opérations paraissent devoir se ramifier jusqu'au nord de l'équateur. D'autres caravanes venant directement des ports de Mombaz et de Mélinde exploitent aussi, concurremment avec les premières, le plateau du Masaï, jusqu'aux rives du Victoria Nyanza.

Tel est le principal entrepôt de l'Uniamoezi, où les produits de la civilisation viennent se réunir et s'échanger contre les productions naturelles d'une grande partie du Soudan trans-équatorial. Il y a là assurément une grande conquête commerciale à opérer, et l'importance des affaires qui se traitent à Zanzibar, sous la protection des divers consulats européens et américains, indique suffisamment à quel degré de prospérité est appelé à s'élever Kazeh, lorsque le commerce et les relations qu'il développe auront moralisé et régularisé le grand trafic de l'intérieur.

Nous avons déjà indiqué Ujiji comme un marché fréquenté par les caravanes de Zanzibar et de Kazeh. Beaucoup moins important que ce dernier point, Ujiji, placé sur le lac Tanganika, au milieu d'une contrée très-peuplée, offre aussi un certain intérêt en ce qu'il est l'entrepôt le plus avancé vers l'ouest où les trafiquants de la côte entretiennent quelques dépôts. Les pluies torrentielles qui durant huit mois tombent presque sans relâche sous cette latitude, en rendent le séjour mortel aux Européens pendant la mauvaise saison ; de là résulte la nécessité, pour les traitants, d'abriter les marchandises dont ils n'ont pu se défaire ou qu'ils n'ont pu diriger en temps utile sur la côte. Ces magasins couverts et palissadés sont aussi placés, comme à Kazeh, sous la protection du roitelet qui y réside ; les opérations et échanges s'y traitent seulement pendant les quelques mois de la saison sèche, au bout desquels les caravanes se retirent dans l'est, pour revenir après les pluies hivernales ; elles parcourent les deux rives du lac quand les incessantes dissensions de tribus à tribus n'interrompent pas les communications. A Khokoro elles se procurent de l'ivoire, qui paraît être très-abondant dans ces régions ; sur les bords de la rivière Marungu, indiquée par Speke dans sa première relation et qui paraît unir le Tanganika au lac Liemba, vu par Livingstone en avril 1867, se trouverait aussi un marché d'ivoire que nous croyons devoir alimenter celui de Khokoro, concurremment avec ceux de l'*Unanga*, de l'*Ubena*, etc., dont les noms et la position ne nous sont encore qu'imparfaitement révélés ; peut-être même communique-t-il directement avec Ujiji. Plus à l'ouest le commerce de Zanzibar étend ses limites occidentales à une distance qu'il ne nous est pas possible de déterminer. Warua est un marché d'échange, vaguement signalé par Speke en 1858, d'après les rapports des indigènes, mais indiqué aujourd'hui avec quelque précision par Livingstone qui l'a visité en 1868; les caravanes s'y rendent directement d'Ujiji en traversant le lac Tanganika jusqu'à Kazengwe, sur la rive opposée, et de là parcourent en ligne droite, à travers une région qui ne nous est pas encore connue, un trajet d'environ cinquante lieues d'étendue qui forme la distance entre ces deux points. Faut-il assigner à ce dernier la limite extrême du trafic de la côte, dans l'ouest, ou supposer avec quelque vraisemblance que de Warua, les caravanes entretiennent aussi des relations avec les peuplades des hauts plateaux que forment les monts Kone et le pays de Katenga, où se trouvent indiquées de riches mines de cuivre?... C'est là une question à laquelle il nous est impossible de répondre avec quelque précision.

Toutes ces contrées paraissent être de grands pays de chasses, couverts de forêts profondes, de riches pâturages, de vastes marais, où doivent abonder l'éléphant, le rhinocéros, la girafe, le buffle, l'antilope, entrecoupés et sillonnés en toutes saisons par des cours d'eau abondants. C'est, du reste, ce qui semblerait résulter des indications récentes fournies par Livingstone, qui a parcouru la contrée située au sud-ouest du Tanganika et qui la décrit sous les couleurs les plus séduisantes. Indiquons encore que l'infatigable explorateur signale toute cette région jusqu'au 12e degré de latitude méridionale comme déversant ses eaux dans plusieurs lacs, mis en communication par des rivières, la Luapula et la Lualaba, et dont le plus septentrional, le lac Ugende, envoie dans le nord un courant d'eau que son volume et sa direction lui font supposer être un affluent du lac Chauambé (Albert-Nyanza.) Ce serait donc reculer les sources du Nil blanc vers le sud, à des limites que les opinions les plus hasardées n'auraient osé supposer sans laisser naître un soupçon d'exagération parfaitement légitime il y a peu de temps encore, mais que les découvertes toutes récentes ne nous permettent plus de rejeter systématiquement.

Nous venons d'indiquer les principales lignes connues du parcours que suivent les caravanes dans des contrées qui, il y a dix ans à peine, étaient complétement ignorées de la géographie; il nous reste à indiquer sommairement quels sont les pays qui, jusqu'ici, ont eu le privilége de répandre dans cette partie du Soudan leurs produits manufacturés ou naturels, ainsi que ceux qu'ils en retirent par voie d'échanges.

Nous ne pouvons fixer nos investigations d'une manière un peu précise qu'en recherchant, sur le marché même de Zanzibar, quel est le mouvement commercial de ce port, puisque celui qui s'opère dans les contrées que nous venons de parcourir rapidement paraît s'y lier étroitement. Et ce n'est certes point ici la partie la moins difficile de la tâche que nous nous sommes imposée; car, pour qui connaît les réticences, le mystère dont l'étroit esprit de spéculation s'applique systématiquement à voiler les opérations commerciales des contrées sur lesquelles nous cherchons laborieusement à faire pénétrer la lumière, les difficultés sont grandes souvent, parfois insurmontables. Les commerçants ne redoutent rien tant qu'une concurrence qui, en quelques années, suffirait pour tarir sans retour les sources de leurs énormes profits. Dans le même ordre d'idées, les officiers consulaires, guidés par des idées de protectionisme facile à comprendre, sont trop souvent d'un mutisme désespérant; quant aux agents des autorités locales, soit par intérêt personnel, soit par crainte d'une destitution ou de quelque chose de pire encore, leurs indications sont pour la plupart insignifiantes quand elles ne sont pas perfidement erronées. Nous avons néanmoins été assez heureux pour obtenir d'une personne digne de foi les renseignements suivants auxquels nous n'hésitons pas à donner le caractère de la meilleure authenticité.

Les marchandises à l'importation comprennent principalement les cotonnades, les draps, les tissus de soie, les fers et cuivres ouvrés en barreaux, la verroterie, etc. Leur estimation par provenance se chiffre annuellement à peu près comme suit :

Provenances	d'Amérique........	300 000	piastres colonnates (1).
—	de Hambourg......	700 000	—
—	de France.........	400 000	—
—	des Indes..........	750 000	—
—	d'Arabie...........	35 000	—
	Total.........	2 185 000	piastres colonnates.

Il y a lieu d'ajouter à ce chiffre les importations venant de terre ferme (intérieur du continent) ; l'ivoire et la gomme copale en font l'objet le plus important et se présentent dans les conditions suivantes :

Ivoire, environ 375 tonnes de 1000 kilog., valant à peu près 20 000 francs la tonne..........................	7 500 000
Gomme copale, 1995 tonnes, à raison de 5000 fr. la tonne.	10 000 000
Total..............................	17 500 000

Ces deux derniers produits doivent être considérés comme des importations de la côte où viennent aboutir les caravanes de l'intérieur ; en outre, ce sont les seuls qui échappent à la règle de franchise stipulée pour tous les produits exportés aussi bien des points de la côte d'Afrique que de l'île même de Zanzibar. Pour être plus exact, on devrait compter, cependant, l'*orseille*, le *sésame*, les *cauries*, etc., qui n'arrivent à Zanzibar que sur les bateaux arabes, et qui, n'étant pas protégés par les traités de commerce conclus avec les diverses puissances, acquittent des droits en douane.

(1) L'évaluation de la piastre ou colonnate peut s'évaluer, à peu près, de 5 fr. 33 c. à 5 fr. 50 c.

De ces différents produits, les uns viennent de la côte, en partie ; d'autres, les plus importants, sont recueillis dans l'intérieur du continent. Depuis quelque temps des bateaux européens vont les chercher aux différents ports d'embarquement ; mais si cet usage, qui tendrait à enlever à la douane une partie de l'impôt qu'elle perçoit et dégréverait d'autant les maisons européennes, venait à se généraliser, Zanzibar pourrait perdre de son importance de principal entrepôt de la côte orientale d'Afrique ; c'est ce qui arrivera dans un temps donné ; toutefois les difficultés actuelles de traiter avec des peuplades à demi sauvages, le mauvais vouloir que l'on rencontre auprès des autorités, n'ont pas laissé prendre encore à ces sortes d'opérations un grand développement.

Il existe, à Zanzibar, une maison française dont le chiffre d'affaires, tant à l'importation qu'à l'exportation, s'élève annuellement à environ quatre millions de francs ; on y compte encore trois maisons américaines, deux maisons de Hambourg et une maison anglaise de récente création dont le chiffre exact d'affaires ne saurait être encore apprécié.

Les Indiens, au nombre de 3000 environ, sont tous commerçants ; les Arabes Banians Souhaélis trafiquent, les uns en vendant les produits de leurs terres, les autres en prêtant à gros intérêts ; ces Banians sont au nombre de 350 environ, dont la plupart, bien que décorés du titre de *banquiers*, ne sont en réalité que de très-modestes *usuriers*.

La population esclave fournit les hommes de peine, les cultivateurs, les travailleurs de tout genre.

La douane est affermée à un Banian, sujet anglais, qui paye environ deux millions de francs par an au sultan ; c'est là le revenu le plus clair de Son Altesse, auquel vient s'ajouter celui de quelques propriétés rurales. La douane ne perçoit de droits que sur l'importation des marchandises européennes et rien sur celles exportées; ces droits sont de cinq pour cent.

Comme nous l'avons dit plus haut, les Européens peuvent exporter librement toutes les denrées de l'intérieur du royaume, sauf l'ivoire et la gomme copale; mais les indigènes n'ont pas le même privilége, et comme c'est à Zanzibar que se font tous les achats, les Européens supportent la plus-value subie par ces marchandises en raison des droits qu'elles ont acquittés en venant par barques arabes.

Le commerce d'exportation est mieux connu et peut se supputer avec plus d'exactitude que celui de l'importation, et cela tient à ce que les habitants voient acheter et savent les achats qui se traitent, soit d'après la forme extérieure des ballots, qui leur est assez familière pour leur permettre de juger sans s'y tromper la nature et l'importance du contenu, soit par tous les autres indices révélateurs sur lesquels ils peuvent juger en toute certitude; tandis que, lors du débarquement en douane, ils ne voient que des caisses dont ils ignorent le contenu. Il va sans dire que le fermier de la douane se refuse d'une manière absolue à donner aucune espèce de renseignements.

Voici un aperçu des chiffres d'exportation à la sortie, relevé sur une période annuelle comprise de mars 1869 au même mois de 1870, autrement dit, pendant l'année arabe 1286 :

Amérique.		
Ivoire	525 000 francs.	
Gomme copale	600 000	
Girofles	182 000	1 307 000
Hambourg.		
Cuirs	400 000	
Orseille	1 500 000	
Sésame	480 000	2 380 000
A reporter		3 687 000

Report......		3 687 000
Girofles........................	180 000	
Gomme copale.....................	600 000	
Ivoire..........................	229 000	
Cauries.........................	105 000	
Cordes de coco..................	4 250	3 498 250
France.		
Cauries.........................	315 000	
Orseille........................	1 000 000	
Amandes de noix de cocos...........	250 000	
Sésame..........................	384 000	
Cire............................	45 000	1 994 000
Bombay. — Mascate.		
Ivoire..........................	250 000	
Girofle.........................	1 500 000	
Dents d'hippopotames et de rhinocéros.	1 000 000	
Argent monnayé...................	1 000 000	3 750 000
Total..................... F.		12 929 250

Il y a lieu de faire remarquer que la suprématie des industries anglaise et américaine sur celles des autres nations se manifeste avec éclat sur la place de Zanzibar, principalement pour les tissus, dont la fabrication se trouve admirablement appropriée au goût comme à l'usage des populations indigènes auxquelles ils sont destinés; cette remarque doit s'appliquer généralement à tous les ports de la côte orientale d'Afrique, où ces produits sont partout importés et accueillis avec faveur.

II

Sur les côtes de l'Océan, habitées par les Souhaéli, et au nord de l'île de Zanzibar, diverses colonies arabes occupent certains points du littoral, sous la protection, plus nominale qu'effective, de l'iman de Mascate, et entretiennent, avec les populations mal connues de l'intérieur, des relations de commerce dont il est difficile de déterminer la nature et l'étendue. Tout porte à croire que ces relations remontent à une certaine antiquité, et que celles dont nous constatons aujourd'hui l'existence ne sont qu'un lointain reflet d'un commerce qui a dû être assez important, si nous en jugeons par les rapports des Portugais sur le luxe et la splendeur de Mélinde, à l'époque où elle fut visitée, pour la première fois, par Vasco de Gama, à la fin du XVe siècle.

Faut-il, comme le supposent quelques auteurs, admettre que cette ancienne et, jadis, opulente cité ne serait autre que l'*emporium* dont Ptolémée suppose l'existence dans l'*intérieur*, vers le 2e degré sud, sous le nom d'*Essina*, moins éloigné que celui de *Rapta?* ou bien faut-il reporter ce marché loin de la côte?... Bornons-nous à rappeler que Mélinde, située à l'embouchure du Quilimanie ou Sabaki, possédait, suivant les Portugais, 200,000 habitants; qu'après y avoir été accueillis favorablement et autorisés à y faire du commerce, ils la détruisirent ainsi que Mondar, situé plus au sud, la reconstruisirent ensuite et en restèrent possesseurs jusqu'en 1698, époque où les Arabes s'en emparèrent et en firent cet informe amas de ruines sur les débris desquelles subsistent seuls, aujourd'hui, quelques comptoirs, qui, avec ceux moins fréquentés de Mombaz, et, plus au nord, de Meurka et de Magadoxo ou Moguedchou, trafiquent seuls sur cette côte rarement abordée par les Européens.

Les relations de commerce avec les naturels de l'intérieur du pays semblent s'étendre, à l'ouest, jusqu'aux abords du Victoria-Nyanza, à travers les chaînes élevées du Kilimandjaro, du Kenia et leurs prolongements probables vers le nord-est, jusqu'aux rives du Godjab ou Omo. Plus au nord, ils trafiquent avec les tribus Gallas des Somalis du sud, estimant que l'opinion de Miani, touchant les rapports commerciaux des Gallas-Berry avec la côte de Zanguebar, doit se modifier et se réduire à de simples rapports de contact entre les caravanes arabes dont la base d'approvisionnements repose sur les comptoirs que nous venons d'indiquer. L'existence de tissus anglais, analogues à ceux qui se vendent à Zanzibar, vus par Don Angelo Vinco entre les mains de ces tribus Berry, peu éloignées du haut fleuve Blanc, ne modifie en rien notre opinion; et le tracé de la route qu'ils suivraient pour se rendre à l'Océan, tel que nous le donne la carte de Miani, tendrait non-seulement à les éloigner de la côte, mais justifierait même les raisons qui nous font croire à l'existence d'un ou plusieurs marchés intérieurs d'échanges, situés un peu au nord de l'Équateur, peut-être non loin de la position où est indiqué le lac Bahr N'go, sur nos plus récentes cartes.

Quoi qu'il en soit, le doute ne saurait exister sur les relations de commerce des comptoirs de la côte avec les populations Gallas; nous croyons même pouvoir fixer approximativement le parcours de leurs caravanes entre le 32e et le 37e degré de longitude est, et, d'autre part, entre le 2e parallèle nord et le 5e parallèle sud. On sait qu'il existe, dans cette partie du continent africain, des cours d'eau tels que le Sabaki, l'Osi, le Juba, qui, par leur étendue et leur volume, sembleraient devoir constituer d'importantes voies de trafic. Faut-il en inférer que ce trafic ait, en effet, un développement considérable dans cette région? Nous ne le pensons pas; surtout si nous considérons combien les caravanes arabes qui ont le monopole exclusif du commerce intérieur du Soudan, sont peu portées, en général, à utiliser les voies fluviales; elles les suivent, sans doute, de préférence à toutes autres, car elles trouvent sur leurs rives des populations plus douces et des ressources alimentaires plus nombreuses et plus variées, mais elles s'en servent peu ou ne s'en servent pas du tout. En quittant le désert pour des régions plus favorisées, le trafiquant arabe n'abandonne point les mœurs sahariennes et s'en trouve bien ; car, pouvant affronter la traversée de vastes pays où l'eau et la végétation font entièrement défaut, il ne s'astreint pas à suivre des voies dont l'emploi exclusif limiterait le développement de ses relations. Les rivières tributaires de cette partie de l'Océan sont-elles d'ailleurs assez connues pour permettre de supposer qu'elles pourraient être utilisées et servir à une navigation commerciale ?

« Le Zanguebar, ou pays des Souahélis, dit M. Malte-
» Brun, renferme de vastes déserts sablonneux, mais, en
» général, son sol est d'une grande fertilité ; ses princi-
» pales productions consistent en doura, riz, cannes à
» sucre, bananes, patates douces, melons, coton, indigo,
» cire, gomme, résines ; les légumes et les fruits y sont
» assez rares ; on y trouve une espèce de bois de teck,
» propre aux constructions navales (1). Le tamarin, dont
» le fruit rafraîchissant dissipe les ardeurs de la fièvre, le
» cédrat, le caféier, le copal, d'immenses baobabs peuplent
» les forêts... L'éléphant, le rhinocéros fréquentent les
» bords des rivières, infestées d'hippopotames et de cro-
» codiles... Enfin, les montagnes recèlent des mines d'or,
» d'argent, de cuivre et de fer... »

A défaut d'indications suffisantes pour pouvoir déterminer quelle est la nature des transactions commerciales de cette partie de la côte, nous pouvons l'établir avec beaucoup de certitude sur les productions naturelles du sol qui nous sont connues, par les notions générales puisées dans les éléments même de la géographie descriptive du pays ; et nous pensons d'autant moins nous égarer dans nos appréciations, que des indications positives nous sont données par les détails recueillis sur le mouvement com-

(1) M. de Rienzi estime qu'il est aussi incorruptible que le teck de Sourat dans l'Inde.

mercial du port de Zanzibar que nous avons eu l'occasion d'indiquer plus haut. Nous savons, en effet, que l'ivoire, la gomme copale, l'orseille, le sésame, les cauries, arrivent dans ce port par des sambucs arabes, des divers points de la côte (1); nous pouvons aussi avancer, sans crainte de nous tromper, que la cire, l'indigo, le café, la gomme, les résines odorantes, abondantes dans les parages septentrionaux, les dents d'hippopotames et de rhinocéros, le cuivre, quelques perles, un peu d'or, les esclaves surtout, cette source inépuisable de profits prélevés sur les populations africaines, au mépris des droits de l'humanité et des lois prohibitives, peuvent être compris aussi dans le chiffre des exportations. Disons encore que, en 1824, les Anglais prirent possession de l'île de Mombaz, et l'occupèrent dans le but avoué d'empêcher la traite des Noirs, mais non point, peut-être, sans l'arrière-pensée de monopoliser le commerce de toute la côte. Cette tentative paraît n'avoir pas produit les résultats qu'ils en attendaient, car, au bout de deux années, ils abandonnaient ces régions, et toute la côte, rentrée sous la domination arabe, est redevenue aujourd'hui le centre actif du commerce des esclaves, d'autant plus sûrement exercé que les traitants se sentent moins surveillés.

Notons, enfin, comme principaux objets d'importation, les marchandises d'Europe, de l'Inde, du golfe Persique, dont l'énumération a déjà été indiquée plus haut et dont le port de Zanzibar serait l'entrepôt naturel.

III

La partie de la côte orientale d'Afrique baignée par la mer d'Aden, entretient des relations assez suivies avec les Gallas du Hurur et les Abyssins-Gallas du Choa; les cara-

(1) D'après les indications données par les Portugais, l'ambre gris se récolterait avec succès sur toute la côte, de Quiloa au cap Guardafui.

vanes de Zeïla et de Tadjoura se rendent même jusqu'à Ankobar et Angolola, où les produits de l'industrie européenne sont d'assez bonne défaite.

Les Portugais indiquaient le port de Zeïla (l'ancienne *Avalites Portus*) comme étant, dès le commencement du XVIe siècle, le centre d'un commerce actif, dont les esclaves, les aromates, les épices, faisaient le fond principal; beaucoup de marchands européens s'y rendaient et trafiquaient avec avantage. Cette cité, bien qu'hospitalière aux étrangers qui s'y livraient au commerce en toute sécurité, fut pillée et détruite, en 1520, par l'amiral Lopez Suarez, vice-roi des Indes, pour le roi de Portugal; elle abondait en grains, fruits, bétail, qui s'exportaient à Aden et Ziden (*Djedda*); son port, sûr et profond, recevait annuellement plusieurs navires des Indes et du golfe Persique, y important du poivre, des épices, des draps, des tissus de coton, qui s'expédiaient, à dos de chameau, en Éthiopie et dans toute la contrée qui constituait alors le royaume d'Adel ou Adaiel, dont nos cartes conservent encore la dénomination; les caravanes employaient neuf journées à parcourir la distance qui séparait les pays d'Angot et de Fategar, de ce port; puis, traversant de hautes montagnes, pénétraient au Xoa (*Choa*), royaume dépendant des rois d'Abyssinie; elles en rapportaient des mules, des chevaux, des tapis, dont la valeur variait de 1 à 5 onces d'or, des draps de coton et de l'or (1).

Si, aujourd'hui, ces relations se sont considérablement amoindries dans ces parages, nous y retrouvons cependant le même courant commercial et le même mouvement d'affaires rayonnant dans des directions diverses, à une distance de près de 200 lieues de la côte. M. d'Abbadie a exposé avec détails l'influence du commerce anglais sur les ports africains du golfe d'Aden, influence énergique-

(1) Relation de dom Francisque Alvarez, 1520 à 1526.

ment appuyée et soutenue par le gouvernement d'Aden, qui non-seulement entretient par de fréquentes croisières une autorité morale sur les chefs indigènes de Zeïla, Tadjoura et Berbeira, mais subventionne même ces fonctionnaires, afin d'obtenir d'eux, et sous leur responsabilité apparente, une sorte d'exclusion absolue de tout navire comme de tout commerçant qui ne serait pas préalablement autorisé par lui à y trafiquer dans leurs ports. Ce monopole d'exclusion s'exerce, sans doute, d'une façon tout indirecte et sans violences trop apparentes, mais il constitue un état de choses déplorable, au point de vue du développement des relations commerciales et de la suppression d'une loyale concurrence. Nous avons cependant lieu de croire que cette situation a subi quelques modifications, si nous devons accepter certaines indications qui nous ont été données par des négociants français ayant eu récemment quelques rapports d'affaires avec cette contrée, nous expliquant aussi que ce protectorat, indirectement imposé à de petits chefs de territoire presqu'indépendants, s'expliquait par leur situation isolée et leur voisinage immédiat d'Aden, l'une des plus importantes stations anglaises de ces mers.

Le rayonnement du mouvement commercial, au nord et à l'ouest, ne saurait être indiqué que très-arbitrairement; vers le nord, il paraît ne pas s'étendre au-delà du 13e degré, chez les Danakil, et, à l'ouest, ne pas dépasser beaucoup le Choa, aboutissant même jusqu'aux rives de l'Abaï (fleuve Bleu, Bahr-el-Azrek). Au midi, Berbeira trafique avec les tribus Gallas-Somalis ou Somaul, qui portent dans les régions intérieures des Gallas quelques produits européens. Cette ville semble être assez considérable; situé au fond d'une baie profonde, son port, entrepôt du commerce avec l'intérieur, est très-fréquenté par des barques arabes et quelques navires européens; on en exporte de la gomme, des plantes aromatiques, de l'or, de l'encens, de la myrrhe, de l'ivoire, de la cire et des esclaves. Zeila, chef-lieu de la contrée, entretient avec l'Arabie et Aden des relations assez considérables; c'est de Zeila et de Tadjoura, petit port, situé plus au nord et dont les Anglais se sont emparés, que partent les caravanes qui se succèdent dans l'ouest. De Zeila, se dirigeant au sud-ouest, elles traversent, en trafiquant, le royaume des Gallas du Hurur; puis, parcourant vers l'ouest et par deux routes différentes la contrée arrosée par la rivière Haouach, elles se rejoignent à quelques lieues d'Ankobar, opérant de nombreux échanges avec les populations, assez agglomérées, qui habitent les vallées parcourues par la rivière que nous venons de nommer, et rapportant à la côte des produits très-variés. Quant aux relations existant entre Tadjoura et les tribus Danakil au nord, elles nous sont trop peu connues pour qu'il y ait lieu d'en parler actuellement.

Les principaux produits d'importation consistent principalement en toiles de coton des manufactures anglaises, américaines et suisses, en tissus des Indes et d'Arabie, en quincaillerie, verroterie, en quelques armes, etc... On exporte, par contre, des gommes rouges, des peaux de bœufs, de zèbres, de singes, de l'ivoire, des plantes aromatiques, de l'encens, de la myrrhe, du baume de Judée, un peu d'or, des plumes d'autruches, du café estimé, de l'orseille, de la cire, de l'huile, du musc de civette et des esclaves. L'indigo y croît partout, sans culture; il est employé par les indigènes pour la teinture de leurs étoffes; l'exploitation de ce produit serait susceptible de procurer des résultats très-satisfaisants.

Toutes les caravanes se composent principalement d'indigènes de la côte, dirigés par des trafiquants arabes qui possèdent des comptoirs à Ankobar; les talaris de la reine Marie-Thérèse sont très-employés dans les transactions des comptoirs.

IV

Sur la côte occidentale de la mer Rouge et en face de l'archipel des Dalak, se trouve le port de Massaouah, connu des anciens sous le nom de *Sebastricum Os,* l'un des meilleurs de cette mer. La ville de Massaouah, située dans une île séparée de la terre ferme par un bras de mer de faible largeur, est peu fréquentée par les Européens, que le manque d'audace, un sol sablonneux et brûlant, un climat malsain, éloignent de ces parages ; elle n'en est pas moins le centre et l'unique débouché du commerce de l'Abyssinie, qui s'exerce sur une surface comprise entre les 35e et 38e degrés de longitude occidentale, et les 10e et 16e parallèles. Lieu d'entrepôt des marchandises qui s'importent de la côte, les relations commerciales y sont languissantes et sans régularité ; toutes sont presque exclusivement concentrées entre les mains des Arabes, qui opèrent soit pour le compte de maisons égyptiennes, soit pour le leur propre ; mais les relations les plus suivies se font avec la côte arabique par les ports de Djedda, Hodeïdah et Moka ; elles occupent annuellement environ 300 bateaux non pontés, comprenant un tonnage moyen de 4000 à 5000 tonnes au total. Depuis que la Compagnie vice-royale égyptienne de navigation à vapeur visite ce port et dirige sur Djedda et Suez les produits destinés à l'Égypte, l'apparition de bâtiments à voile européens dans le port de Massaouah a beaucoup diminué et est presque devenue un fait accidentel ; cela tient surtout à la grande irrégularité des transactions avec l'intérieur du pays, d'où résulte la difficulté de recueillir un chargement entier dans une période de temps dont il soit possible de supputer d'avance la durée.

Nous avons souvent entendu et entendons encore discuter par des personnes qui ont visité et même assez longtemps habité la terre ferme, la possibilité de voir, dans l'avenir, se diriger sur le port de Massaouah le courant commercial du Nil Bleu, et peut-être même du Sennaar, à travers les contrées qu'arrosent le Tacazzé et le Mareb; nous nous sommes toujours rangé du côté des adversaires de ce système, qu'un examen attentif des conditions politiques et géographiques de ces régions ne permet pas d'admettre pratiquement. Politiquement, l'état incessant de guerre et de dissensions intestines au milieu duquel vivent les populations turbulentes abyssines, l'absence complète d'unité entre des chefs qui se disputent sans cesse la souveraineté de quelques lambeaux de provinces, l'antagonisme et les rivalités qui existent entre les populations chrétiennes et musulmanes, enfin et surtout la difficulté de détourner le courant actuel d'une direction admise par la routine et consacrée par l'habitude, cette seconde nature des races incultes, sont autant de causes qui nous paraissent devoir donner de la force à notre opinion. Géographiquement, les nombreuses chaînes de montagnes qui s'étendent parallèlement à la côte, leurs escarpements, les vallées étroites et profondes qui les séparent, les nombreux ravins et cours d'eau aux berges élevées, tous infranchissables dans la saison pluvieuse, nous paraissent autant de barrières élevées par la nature même entre la côte et les contrées de production situées à l'ouest du 34e degré.

L'avenir commercial du port de Massaouah ne doit et ne peut attendre de développement, comme entrepôt maritime du commerce abyssin, que de la seule exploitation des produits des contrées qui s'étendent au sud et au sud-ouest, c'est-à-dire dans les régions des hauts plateaux qui descendent graduellement par les vallées longitudinales et se terminent en pentes douces vers la baie d'Annesley, présentant un passage commode pour les porteurs et les bêtes de somme. Depuis les temps les plus reculés, toutes les expéditions dans l'intérieur de l'Habech sont parties d'Arkiko, pour pénétrer dans le Tigré par les gorges de Talanta; et c'est depuis des siècles la route naturelle qu'ont suivie toutes les caravanes qui transportent les marchandises de l'Orient dans les régions intérieures du sud. Les pénibles efforts de Valentia et de Salt, tentés de 1804 à 1809 dans le but d'ouvrir par le Tigré de nouveaux débouchés au commerce anglais dans l'Abyssinie, nous sont une preuve précieuse de l'importance qu'ils croyaient devoir accorder à cette zone d'exploitation, de préférence à toute autre création nouvelle que leur esprit observateur n'eût pas manqué de leur révéler.

Attendre un changement favorable de l'unification possible du royaume abyssin, nous semble une illusion chimérique; depuis des siècles ce rêve n'a jamais pu obtenir un semblant de réalisation. La relation portugaise de dom Francisque Alvarez, qui séjourna à la cour du Négus David de 1520 à 1526, nous fait connaître que cette pensée était depuis longtemps l'incessante préoccupation de cette dynastie; de nos jours encore n'a-t-elle pas coûté à Théodoros la couronne et la vie?

Au surplus, nous devons aux obligeantes communications qui nous ont été faites par deux hommes éminemment compétents en ces matières, monseigneur Bel et l'abbé Stella, auxquels un long séjour dans le pays et une étude approfondie de la langue abyssinienne donnent une autorité incontestable, des informations précieuses sur l'état intérieur de ces contrées et l'insurmontable difficulté d'y créer des institutions durables. D'après eux, la diversité de races, de langages et de croyances religieuses, s'oppose en principe à une unification que Théodoros a pu rêver, mais n'aurait jamais réalisée; en outre, l'esprit guerroyeur et indépendant des districts montagneux, entretenu depuis des siècles par les ambitieuses et incessantes intrigues des chefs religieux et politiques, ont trop profondément pénétré dans les mœurs des populations pour attendre d'ailleurs que d'une longue succession de générations, le réveil de la conscience patriotique que sont impuissants à stimuler aujourd'hui les incursions toujours plus fréquentes des peuplades Gallas au sud, et les envahissements silencieux mais progressifs de la politique égyptienne au nord et à l'ouest. Les érudits observateurs dont nous avons cité les noms, déploraient amèrement le peu de succès de leurs efforts spirituels; tout en regrettant aussi l'incessant envahissement de l'élément turc, ils constataient avec un louable esprit d'abnégation professionnelle que, par leurs instincts matériels comme par une sorte d'affinité naturelle, les masses tendaient visiblement à se rapprocher de l'élément musulman, et que ce dernier leur paraissait destiné à s'assimiler, dans un temps peu éloigné, une grande partie des populations abyssines chrétiennes, sur lesquelles l'influence du clergé indigène est plus dissolvante qu'émancipatrice.

Dès les temps historiques, l'Abyssinie a entretenu avec la côte arabique jusqu'au golfe d'Akaba, et avec l'Égypte, des relations de commerce qui ont été tour à tour utilisées par les nations civilisées de toutes les époques. Ses rapports avec le peuple hébreu, bien antérieurement à l'ère chrétienne, sont aujourd'hui incontestablement établis. Avant les Lagides, l'Égypte tirait d'Éthiopie de l'ivoire, de l'encens, des éléphants de combat et des esclaves; et sous cette dernière domination la ville d'Adulis, dans la baie d'Annesley, était le siége d'un commerce important et très-florissant. Dès le deuxième siècle de notre ère, Arrien Flavius, dans son périple de la mer Érythréenne, cite la ville d'Axum (*Chaxume* des Portugais) comme le centre d'un commerce d'ivoire considérable. Sous les Portugais, Debaroa, ville située aujourd'hui à

15 lieues environ de la baie d'Annesley, était une importante place de commerce où l'or, l'encens, l'ivoire et les esclaves s'exportaient en quantité relativement considérable. De nos jours, enfin, Massaouah (Maksua des Portugais) voit converger vers son port et s'échanger dans ses comptoirs contre ceux d'Arabie, de Perse, d'Égypte et d'Europe, les produits du sud de l'Abyssinie recueillis dans les limites que nous avons précédemment indiquées.

Les transactions commerciales étaient-elles alors aussi importantes que celles que nous voyons s'opérer aujourd'hui ? Il serait difficile d'avancer une opinion formelle sur ce point; toutefois, en considérant, d'une part, l'état actuel de dislocation dans lequel vivent les populations indigènes et les discordes intestines qui les élèvent sans cesse les unes contre les autres, au plus grand préjudice de l'exploitation des richesses naturelles du sol, d'autre part, la demande chaque jour croissante et plus stimulée de ses produits d'exportation, on est en droit de supposer que ces deux causes opposées se neutralisant mutuellement, l'importance effective actuelle des transactions ne saurait s'être beaucoup modifiée.

Massaouah exporte en petite quantité de l'ivoire pour l'Inde, dont le prix s'éloigne peu d'un talari, la livre égyptienne (1), pour les défenses dont le poids n'est pas inférieur à 20 ou 25 rotolis; il est de moitié pour celles qui sont inférieures à ce poids; les dents de rhinocéros obtiennent 30 francs le rotoli. Il s'exporte, pour Djedda et Suez, des bœufs de petite taille qui valent, rendus à la côte, environ 5 talaris l'un; — des peaux de bœufs sèches, dans les prix de 8 à 10 talaris les vingt peaux; — du café moins estimé que celui d'Arabie, qui se cote, selon la

(1) La livre ou le *rotoli* égyptien équivaut à 440 grammes, et le talari de Marie-Thérèse à 5 fr. 45 c. ou 20 piastres au tarif; il se subdivise lui-même en 18 coudées d'étoffe du pays, représentant une valeur de 30 centimes par coudée.

qualité, à 2 talaris la mesure de 7 à 12 livres; — du musc de civette; — la plante connue dans le commerce sous le nom de *fausse angusture*, apparaît quelquefois sur le marché; de la cire jaune, assez impure, valant 1 talari les 7 ou 8 livres; quelques mules et chevaux de charge dans les prix de 10 à 15 talaris; — de l'or en anneaux qui se vend de 14 à 16 talaris l'once; celui qui provient des Gallas du sud est moins estimé que l'or des lavages du Narea et des rives de l'Abbaï, au Damot, mais ce dernier vient peu sur le marché, et prend habituellement la direction du nord par Mtemma de Gallabat et Souakim; — enfin quelques cotonnades indigènes et des esclaves qui sont dirigés sur l'Arabie.

En retour de ces produits, le commerce européen importe des tissus de toutes provenances et fabrications, des draps, des tarbouches de fabrique hongroise et tunisienne, du sucre des raffineries égyptiennes, du savon, du papier, des armes, des épices et de la quincaillerie commune. Le billon égyptien est employé à Massaouah même comme fraction monétaire dans les transactions.

Comme nous avons déjà eu l'occasion de le dire, un climat insalubre rend le séjour de Massaouah insupportable aux Européens; et, malgré les conditions de bien-être dont ils pourraient s'entourer pour rendre leur résidence possible, nous ne pensons pas que les avantages à retirer par eux de leurs relations commerciales puissent constituer une compensation suffisante susceptible d'y attirer de longtemps des comptoirs permanents.

Le chiffre total du mouvement commercial entrepositaire de ce port pendant l'année cophte de 1556 (soit de septembre 1869 au même mois de l'année 1870), s'est élevé à 23 millions de piastres égyptiennes (1), dont

(1) Rappelons encore ici que la piastre égyptienne équivaut très-approximativement à 26 centimes.

22 900 000 piastres applicables aux seules marchandises exportées.

V

A cent lieues au nord de Massaouah, sur la côte occidentale de la mer Rouge et à une distance un peu moindre du Nil Blanc, la ville égyptienne de Souakim, autrefois tributaire des chérifs de la Mecque, est le lieu d'entrepôt le plus important de la côte qui s'étend du détroit de Bab-el-Mandeb à Suez. Comme presque tous les comptoirs commerciaux dont nous venons de parler, elle est bâtie moitié sur un îlot sablonneux, moitié sur la terre ferme; son port sûr et profond peut abriter des navires d'un fort tonnage. Il s'y fait un commerce assez considérable avec la côte d'Arabie et Suez d'une part, et de l'autre avec les contrées qui s'étendent au sud et au sud-ouest, entre les 32e et 35e degrés de longitude, en se ramifiant jusqu'au delà du 8e parallèle nord, longeant les pentes occidentales des massifs montagneux d'Abyssinie jusque chez les peuplades Gallas; là, les relations commerciales s'éteignent et se confondent dans les mêmes contrées inconnues, où viennent s'éteindre aussi les courants venus de la côte, soit de Massaouah, du golfe d'Aden par le Choa et des comptoirs de la côte d'Ajan jusqu'à Mélinde.

Les produits de l'intérieur aboutissent à Souakim par diverses routes que parcourent les caravanes de trafiquants arabes, à des époques périodiques correspondant soit avec le temps de la récolte des gommes, soit avec l'arrivée des pèlerins se dirigeant de l'ouest vers la Mecque.

La route de Berber à Souakim que suivent d'ordinaire les pèlerins, apporte dans ce dernier port un peu d'ivoire, des esclaves et quelques gommes; le temps que mettent les caravanes à parcourir la distance qui sépare ces deux villes varie de vingt à vingt-cinq jours par étapes de six à sept lieues; ce trajet pourrait se faire beaucoup plus promptement si les Arabes, pour qui le temps n'a pas de valeur appréciable, ne faisaient paître leurs chameaux en chemin et ne prolongeaient souvent outre mesure leur séjour auprès des puits. Parfois aussi les nomades indigènes Bicherich ou Hodendoah ne laissent pas que d'inquiéter les convois qui ne présentent pas un personnel de défense suffisant, d'où résultent des stations prolongées qui rendent le temps de parcours très-irrégulier.

La grande ligne commerciale qui relie Souakim aux contrées du sud et celle qui fait la principale sinon l'unique source de son commerce, traverse plusieurs centres de populations qui sont autant de marchés entrepositaires où viennent s'échanger, sur place, les produits des pays environnants.

Il est à remarquer, comme justification de ce que nous avons avancé plus haut en traitant du commerce abyssin, qu'ici encore le grand courant du trafic qui se fait dans ces régions conforme ses aires de direction à la configuration géographique du territoire, ne dépassant pas, à l'est, les versants occidentaux des hauts plateaux éthiopiens; et suivant, à l'ouest, la rive droite du fleuve Bleu, pour venir atteindre ses extrêmes limites et se perdre dans le Narea. Cette contrée présente d'immenses ressources végétales de toutes sortes; elle est couverte en partie par des forêts ou des surfaces désertes que les hautes eaux transforment en marais et en vastes pâturages; de nombreuses troupes d'éléphants, de rhinocéros, de girafes, de buffles, d'antilopes, trouvent dans ces plantureuses régions une nourriture toujours abondante et d'impénétrables refuges contre les chasses encore primitives des indigènes. Sur les bords des cours d'eau qui tous vont se déverser dans le Nil Bleu, et plus particulièrement ceux du Rahad et du Dender, le cotonnier donne spontanément et sans culture des produits estimés (1); les gommes y sont très-abondantes, bien que d'une qualité rendue inférieure probablement par la trop grande humidité du sol où pousse le mimosa sur lequel on les récolte; en un mot, toutes ces précieuses et immenses ressources, susceptibles d'être considérablement augmentées par une exploitation régulière, sont aujourd'hui aux mains de peuplades demi-sauvages, et par elles recueillies et livrées au commerce sur les marchés intérieurs.

La grande ligne commerciale qui relie Souakim à ces pays traverse plusieurs centres de population, qui sont autant de marchés entrepositaires où viennent s'effectuer les échanges (2).

De Souakim à Kassala, chef-lieu de la province aujourd'hui égyptienne de Taka, la route, suivant d'abord une partie de la côte de la mer Rouge, s'en éloigne peu à peu vers le sud-ouest, en longeant une rivière qui, dans la saison du kharif, semblerait faire communiquer les eaux du Mareb, répandues sur la surface d'une grande plaine sablonneuse au nord du Taka, avec un grand étang marécageux voisin de la mer, en recevant dans son cours la rivière Barka ou Anseba, dont les sources nous sont à peine connues; cette route, où l'eau douce est rare pendant la saison sèche, traverse de grands bois d'ébéniers, de sycomores, de mimosas gommifères et de palmiers, où vivent d'innombrables troupeaux d'éléphants, de rhinocéros, de girafes, etc.

Kassala, chef-lieu de la province de Taka, est située à

(1) C'est de ces semences importées en Égypte par Mako Bey et plantées dans son jardin du Caire, qu'en 1821 un industriel français, M. Jummel, apprécia et signala le premier la valeur; elles ont donné ces beaux produits aujourd'hui si estimés sur le grand marché cotonnier de Liverpool.

(2) Nous avons cru devoir prendre pour guide, dans une partie des détails qui vont suivre, l'intéressant itinéraire de M. B. Garnier, d'après un manuscrit que nous avons pu consulter à la bibliothèque de l'Institut d'Égypte.

égale distance, soit à douze journées de marche environ, de Souakim, de Karthoum et de Berber sur le fleuve Blanc, et entretient aussi avec ces localités des relations de commerce. Sa population est d'à peu près 6000 à 7000 âmes ; un régiment nègre égyptien y tient garnison, y assure la sécurité des transactions et protége les habitants contre les exactions des nomades. De septembre à novembre, le climat y est empoisonné par des miasmes délétères que répand une abondante végétation surgissant des eaux stagnantes déversées dans ce bassin par le Mareb et les nombreux *chor* ou torrents gonflés par les pluies ; mais les avantages d'une position centrale exceptionnelle, au milieu de tribus nombreuses, triomphent de l'insalubrité des lieux, et fixent au sol une population arabe et indigène qui vit de commerce et de quelques industries locales.

« La présence, à Kassala, de nombreux fonctionnaires, dit M. Garnier, la sécurité relative que procure sa garnison en y attirant les populations du voisinage, ont fait de cette place le lieu de consommation et le centre commercial le plus important de cette contrée... Par Souakim, les commerçants indigènes et quelques négociants étrangers, Grecs pour la plupart, tirent d'Égypte des produits manufacturés, dont les principaux sont : des mousselines bordées de rouge, connues sous le nom de *kaf-el-arous ;* des mousselines dites *chach* pour chemises, turbans, etc. ; des cotonnades légères à bordures de différentes couleurs (*fouta de l'Inde*) ; des tarbouches de Tunis ; des fils de coton rouges (*zik*), dont les Abyssins font grand usage pour border leurs pagnes qu'ils tissent eux-mêmes (*couari*) ; du sucre en pains de fabrication égyptienne ; des verroteries de Venise ; du cuivre rouge (*nahas*) en fil et en bâtons, dont les indigènes font des ornements tels que bracelets, bagues, etc. ; de l'étain (*gazir*) ; de l'alun (*nechadir*) ; du girofle (*garenfil*) ; des parfums (*fitné*), et surtout les quatre ingrédients suivants : *defir*, *sumbul*, *mahlab* et *sandal*, dont les Soudaniens composent une pommade (*delka*) avec laquelle ils se frottent quotidiennement le corps; de l'antimoine (*kuhul*); des cotonnades imprimées (*tchit*); des mouchoirs de tête à dessins (*mendil jazma*) pour hommes et pour femmes; des lames de sabres et des gardes (*seif*) de fabrication allemande; ces sabres ont une forme particulière, ils sont longs, droits et à deux tranchants, rappelant les épées à deux tranchants du moyen âge; des bas communs en petite quantité; des bottines vernies, et quelques autres articles de fantaisie. »

En retour de ces marchandises, le commerce de Kassala expédie en Égypte les produits naturels du pays, qu'il fait acheter par l'intermédiaire de ses courtiers sur les marchés de Kedaref et de Gallabat, dont nous allons parler, renvoyant leur énumération détaillée à la mention des lieux où ils s'achètent de première main; mais, avant d'aller plus loin, notons en passant un renseignement que nous jugeons d'une grande utilité, sur le cours des talaris et les conditions rigoureusement exigées pour leur assurer une facile circulation dans le pays.

« ... Les talaris de Marie-Thérèse sont la seule monnaie étrangère qui ait cours dans les tribus des Taka ; » il vaut à Kassala dix-huit piastres au tarif égyptien » (*sagh*), c'est-à-dire deux piastres de moins qu'en » Égypte. Cette monnaie est désignée au Soudan par le » nom d'*abou noqta* (*le père des points*) à cause du pointillage qui simule les diamants sur les ornements du » buste de la reine. Le diadème doit avoir neuf points, » l'agrafe sept et la broche cinq; c'est une condition absolue de circulation ; il est essentiel aussi que les talaris, pour être acceptés sans difficulté, ne soient ni » trop vieux, ni trop neufs ; vieux, les points sont usés ; » neufs, l'éclat uniforme de la pièce empêche de les » compter facilement ; aussi quand les négociants en reçoivent de nouvellement frappés, prennent-ils la pré-

» caution de les faire séjourner dans un bain d'huile et de » poudre pilée; essuyés et frottés ensuite, le fond de la » pièce reste mat et les parties saillantes se distinguent » aisément. »

Quant à la circulation des monnaies divisionnaires, les piastres ayant cours sont d'argent ou de cuivre et d'origine égyptienne ; celles d'argent sont dites *vertes* (*grsch akhdar*) par suite de la teinte verdâtre que leur donnent l'alliage et la circulation; il importe qu'elles soient en partie couvertes d'une épaisse couche de crasse attestant qu'elles ont beaucoup circulé et qu'elles sont par conséquent de bon aloi. La monnaie de billon consiste en pièces de cinq, dix et vingt paras; il faut quarante paras pour faire une piastre.

Rappelons ici que la valeur de la piastre-tarif, dont il est question, équivaut à peu près à 26 centimes.

Les caravanes qui vont de Kassala à Kedaref ou Guedaref, marché situé au sud-ouest, à vingt lieues environ de la rive gauche de l'Atbara, se dirigent directement à l'ouest pour rejoindre ce cours d'eau, puis, remontant sa rive gauche jusqu'à l'embouchure du Tacazzé, elles arrivent et séjournent à Sofi, petit marché où se présentent les trafiquants de Gondar; de là, elles quittent la rivière pour se diriger sur Kedaref, agglomération de villages portant chacun un nom différent, et situés au milieu d'une vaste plaine couverte à perte de vue de roseaux.

Kedaref est situé à mi-chemin, soit à sept journées de Kassala et du Nil Bleu; il occupe à peu près le centre du territoire de la tribu des Choukrieh (île de Méroé), la plus riche du gouvernement du Soudan; elle dépend de la province ou préfecture (*moudirieh*) de Karthoum. Le marché de *Souk-abou-sin* est le point de rencontre des nombreuses caravanes qui y apportent les produits naturels du pays; ils consistent en sel, recueilli sur les bords de la mer Rouge, nattes de jonc, sésame récolté sur les bords de l'Atbara, coton des rives du Rahad et du Dender (1) ; gommes recueillies abondamment dans les bois de *talka* (les rouges, dites *talki*, sont de qualité inférieure) ou de mimosas *hachab* (donnant la gomme blanche, improprement nommée au Caire arabique, ou sennaari) ; ces forêts couvrent une partie du territoire situé entre Kedaref et Mtemma de Gallabat, au sud. On tire encore de cette région des peaux de bœufs sèches, des cotonnades du Soudan (Dammour), des bœufs, des chèvres et des moutons qui y sont très-abondants. En retour, les indigènes reçoivent presque tous les articles manufacturés dont nous avons donné l'énumération plus haut, en faisant mention du marché de Kassala.

« ... L'autorité égyptienne prélève à Kedaref des droits » de douane sur tous les produits naturels vendus au » marché ou qui proviennent de Mtemma de Gallabat, » sans préjudice de ceux qu'elle perçoit encore à Souakim » au port d'embarquement. Le *cheikh* de la localité, de » même que ceux des autres lieux où se tiennent de grands » marchés, opère aussi à son profit la perception d'une » taxe par chaque charge de chameau. »

A quelques journées de marche au sud-est, le pays de Gallabat, habité par des tribus de Takrouri, possède un des marchés les plus importants de toute la contrée, Mtemma ; il se tient deux fois par semaine, les mardi et mercredi (excepté pendant la saison du Kharif, de mai à octobre). Située sur un territoire intermédiaire entre l'Abyssinie et les possessions égyptiennes, Mtemma de Gallabat jouit d'une sorte de neutralité très-utile au développement de son commerce, moyennant un tribut de 3000 talaris que le cheikh paye annuellement à chacun

(1) Ce textile y a été l'objet d'un grand mouvement d'affaires pendant la guerre civile d'Amérique; en 1864, l'exportation par Souakim n'a pas été inférieure à 20 000 quintaux métriques.

des deux pays. Son marché y attire beaucoup de monde, et serait, d'après l'opinion de M. Garnier, au sud-ouest de l'Abyssinie, comme Massaouah au nord-est, le plus important débouché des produits du pays, qui consistent principalement en café, originaire des pays Gallas, situés au sud de l'Abbaï (fleuve Bleu), sur le plateau de Narea et ses versants méridionaux ; sa fève est plus grosse que celle de Moka, bien que cette dernière soit originaire des mêmes contrées ; on dit aussi ses qualités stimulantes plus actives que celles des produits du Yemen ; les qualités les plus renommées sont celles qui croissent au Narea. L'importance des quantités annuellement exportées par Souakim, s'élève à environ 2000 quintaux métriques. La cire blanche et rouge, dont il s'exporte de 1000 à 1100 quintaux métriques ; les gommes talka recueillies sur les mimosas à écorce rouge, abondent sur le marché. L'or en poudre et en anneaux, recueilli dans le Damot, et au delà du fleuve Bleu, provient du lavage des sables des torrents qui assèchent après les pluies ; l'or abyssin serait d'un titre moins élevé que celui provenant soit du Fazoglou, soit des contrées environnantes où doivent exister de riches gisements ; l'*ocquieh*, du poids d'un peu plus de 50 grammes, s'y vend de vingt à vingt-deux talaris ; les quantités qui s'exportent annuellement sur Souakim n'excèdent pas 55 000 grammes. L'ivoire, provenant des seuls animaux chassés par les indigènes dans le pays même, est peu abondant ; en général, les défenses sont beaucoup plus petites que celles qu'on recueille sur les rives du fleuve Blanc, ce qui provient sans doute de la difficulté que doivent éprouver les naturels à attaquer des sujets de grosse taille, à cause de l'imperfection de leurs armes ; l'exportation annuelle dépasse à peine 500 quintaux métriques. Le musc de civette, de provenance d'Abyssinie, y est d'excellente qualité ; il se vend, à Mtemma, cinq talaris les 25 grammes environ. Les peaux d'Abyssinie tannées et teintes de diverses couleurs ; des chevaux et des mules ; ces dernières, surtout, semblent jouir d'une réputation méritée ; enfin, les esclaves y font l'objet d'importantes transactions, bien que ce genre de commerce, qui paraît offrir un si grand attrait aux gens du Soudan, ruine presque tous ceux qui s'y livrent. Ces esclaves sont, pour la plupart, d'origine et de race gallas ; leur teint est clair, leurs traits sont fins, réguliers et souvent d'une grande beauté ; les filles surtout se font remarquer par l'élégance de leur taille et de leurs formes ; ils supportent difficilement d'autres climats que le leur, et meurent presque tous de phthisie, même en Égypte ; il s'en exporte annuellement environ 2000 qui sont dirigés sur le Soudan, l'Égypte et Djedda.

Donnons, en passant, une mention à un marché intérieur peu connu, situé au sud du Fazoglou sur le Yabous, l'un des principaux affluents du fleuve Bleu ; c'est *Fadassi*, que fréquentent les Abyssins et où les Gallas apportent des bestiaux, des chevaux, des gommes, de l'ivoire, du café et des esclaves, qu'ils échangent contre quelques-uns des produits européens mentionnés plus haut. Les notions que nous avons pu recueillir sont trop imparfaites pour nous permettre de formuler une opinion précise sur une contrée que peut-être n'a visitée aucun Européen depuis le voyage du P. A. Fernandez, des plateaux de Narea et Kaffa, jusqu'à Mélinde, en 1613 ; nous pensons cependant que le mouvement de trafic de Fadassi jusqu'à la côte s'opère en partie par le Yabous et le fleuve Bleu, où les caravanes atteignent l'entrepôt de *Karkodji* à l'époque de la crue des eaux, et qu'une autre partie se porte par le Damot sur Gondar, et selon toute probabilité aussi sur Mtemma de Gallabat. Admettre absolument l'hypothèse que les caravanes arabes du Choa poussent leurs incursions aussi loin, nous paraît peut-être hasardé ; quoi qu'il en soit, ce marché emprunte assurément de sa situation un fort grand intérêt, et ce n'est point sans surprise que nous sentons exister, au milieu de populations dont l'horreur pour les étrangers éloigne les trafiquants, ces éléments de commerce qui naissent de la nécessité même de se procurer quelques-uns des produits de notre civilisation, au moyen de la seule monnaie conventionnelle des peuples primitifs, l'échange.

En résumant donc l'énumération des principaux mouvements commerciaux qui, de ces contrées, se portent vers Souakim, nous trouvons à la sortie de ce dernier port : le café, la gomme, la cire, l'ivoire en faible quantité et de petite dimension, à destination des Indes et de la Chine, de l'or en poudre, en anneaux et en petits lingots, du musc, des peaux brutes et tannées, du coton, du sésame, des esclaves, etc... Joignons à cette nomenclature du corail noir et des perles, pêchés sur la côte. Il s'importe, en retour, des toiles mousselines, blanches, teintes ou imprimées, des mouchoirs imprimés, quelques tissus de soie, des draps, du sucre raffiné de provenance égyptienne, de l'alun, de l'antimoine, de l'étain, du cuivre rouge en fil et en barres, des parfums, des épices, du savon, des verroteries de Venise, des armes blanches de fabrication allemande, quelque quincaillerie ordinaire, des talaris à la reine, du sel marin, etc.

Pendant l'année 1869-1870, soit pendant une période de trois cent soixante jours (année cophte 1586), la valeur totale des marchandises exportées par le port de Souakim s'est élevée à 46 000 000 de piastres égyptiennes (environ 12 000 000 de francs). Le chiffre des importations a été insignifiant.

Signalons encore, sur les archipels assez nombreux de la côte orientale de la mer Rouge, des gisements de guano assez considérables, dont l'exploitation paraît avoir été négligée jusqu'ici, soit par ignorance de ces précieux dépôts, soit pour toute autre cause ; ajoutons que nous croyons savoir aussi qu'un firman de concession de tous les guanos qui existent dans l'empire ottoman a été sollicité et délivré à une compagnie qui, jusqu'à ce jour, n'aurait fait aucun usage de son privilége. Reste à savoir si cette concession, qui, dans la pensée des bénéficiaires, ne devait s'étendre qu'aux gisements de la mer Noire, trop peu importants, paraît-il, pour mériter les frais d'une exploitation suivie, comprend ceux dont nous signalons l'existence dans le golfe arabique ; le gouvernement ottoman lui-même les soupçonnait-il seulement ?... Nous nous bornerons ici à ces seules indications, sans entrer dans les détails qui nous ont été communiqués ; l'ouverture à la navigation de l'isthme de Suez donnera incontestablement une valeur considérable à une future exploitation, ou tout au moins permettra une notable économie dans les tentatives d'investigation qui pourront être faites en ce sens.

VI

Avant de détourner notre pensée du mouvement commercial que nous avons vu s'opérer sur la côte orientale d'Afrique jusqu'au 8e parallèle sud, pour la reporter à celui qui converge vers les côtes septentrionales de la Méditerranée, il n'est pas sans intérêt de faire ici quelques remarques au sujet de l'influence que l'ouverture de l'isthme de Suez à la grande navigation pourra exercer sur l'avenir des transactions qui lient le commerce européen à celui du Soudan.

Plusieurs opinions ont été émises sur ce sujet intéressant ; nous les avons recueillies et pesées avec quelque attention, et, nous le disons à regret, nous pensons que de longues années s'écouleront encore avant qu'un déplacement du courant commercial actuel puisse s'opérer, d'une manière accentuée et définitive, par la nouvelle route qui vient d'être ouverte.

A ne considérer que le résultat économique que procure aujourd'hui cette belle voie de communication entre deux mers séparées, hier encore, par une navigation de plus de 3000 lieues, le moindre doute ne saurait être émis sur les avantages réels à en retirer ; mais la question nous paraît devoir être envisagée au point de vue spécial du sujet même que nous traitons, et nous pensons qu'il serait prématuré d'annoncer une solution prochaine et favorable au déplacement du mouvement actuel ; ce mouvement porte, et continuera à porter longtemps encore sur le grand marché central du Caire, les produits du Soudan qui y affluent par deux grandes lignes entièrement indépendantes l'une de l'autre, la mer Rouge par Suez, et le Nil Blanc.

Des produits d'exportation qui prennent ces deux voies pour arriver au Caire, il n'en est presque pas qui soient similaires ; beaucoup d'entre eux proviennent de régions différentes et très-éloignées d'origine, à l'exception cependant de ceux qui sont recueillis à l'ouest du Nil Blanc et qui, bien que d'origine presque commune, s'acheminent dans la direction de Souakim, de Khartoum ou de Berber, par catégories distinctes et selon un ordre de classement adopté et consacré par l'usage. Il ne faut rien moins que la concentration de ces deux lignes sur un seul et même point, pour donner au Caire, comme l'expérience le démontre aujourd'hui, l'importance que l'on connaît à ce grand entrepôt ; diviser ce point de concentration en faisant aboutir chacune des deux lignes sur un entrepôt distinct et séparé, ou opérer cette division en détournant le commerce du haut Nil pour le diriger sur Souakim, nous paraît difficile dans la pratique et pourrait amener un amoindrissement dans les rapports commerciaux actuels, qui sont basés sur la routine si chère aux populations privées d'esprit d'initiative et réfractaires à toute idée de progrès.

Nous comprenons fort bien tous les avantages que les grandes industries d'Europe retireraient d'une route plus directe pour les provenances soudaniennes qu'elles consomment; à ce compte, la création, sur un point du canal maritime de Suez ou au port même de Souakim, d'un entrepôt où les navires trouveraient à compléter ou à composer un chargement, donnerait à leurs intérêts la plus large satisfaction comme célérité, économie et diminution des risques de route; mais elles ne sauraient ignorer qu'il leur faut aussi compter avec les usages invétérés du trafic indigène.

Il n'est point sans exemple, en Afrique, qu'un grand mouvement commercial entre deux contrées se soit supprimé de lui-même pour de bien moindres innovations. En Égypte même, quelques mesures restrictives prises contre le commerce des esclaves Foriens, bien qu'appliquées avec une tolérance incontestable, ont fait rejeter sur le Fezzan le grand mouvement séculaire du trafic entre les deux pays; le courant commercial qui amenait sur Bengazi, par l'oasis d'Audjila, une partie du commerce du Waday, a presque complétement cessé pour quelques insignifiantes tracasseries de même sorte; la grande ligne saharienne qui, en quatre-vingt-dix journées, mettait le commerce de Tombouctou en communication directe avec les marchés de l'Algérie, par le Touat, le Mzab et Tuggurt, s'est subitement supprimée lorsque l'occupation française a laissé les produits anglais se rejeter sur les places de Fez et de Tunis, où deux grandes caravanes annuelles vont les chercher aujourd'hui. Nous pourrions multiplier ces exemples s'ils ne s'expliquaient d'eux-mêmes pour ceux qui savent que la prolongation des distances et la perte de temps souvent considérable qui en résulte, n'entrent pour rien dans les spéculations étroites et routinières du trafiquant indigène. Ce qu'il recherche et ce qu'il trouve solidement établi sur le marché du Caire, c'est précisément l'invariable et constante uniformité d'usages auxquels il est profondément attaché; c'est le commerçant avec lequel lui, comme ses prédécesseurs, ont toujours traité, le courtier ou l'intermédiaire qui lui présente toujours la même marchandise appropriée à son pays d'origine, marchandise toujours unique en son genre, ne variant jamais de marque, d'aspect ni de forme; toujours de même mesure, de même poids ou capacité, et que le moindre changement extérieur lui fera rejeter impitoyablement.

Un déplacement ou fractionnement de marché devrait forcément amener un déplacement d'industrie, et celui qui connaît combien le changement d'habitudes, d'usages, est antipathique aux races musulmanes, jugera, comme nous, combien une perturbation de ce genre aurait peu de chance de tourner au profit de ceux qui voudraient la provoquer. Il faut encore tenir compte du fait que le Caire est une ville de consommation locale considérable pour plusieurs des principaux produits qui lui arrivent, soit par le Nil, soit par la mer Rouge, et qu'en retenant seulement ceux de ces produits qui s'approprient à ses besoins, elle réduirait déjà considérablement le chiffre des transactions du marché concurrent; du reste, est-il bien et pratiquement démontré que les frais de transport de 100 rotalis (44 kil. 500 gr.) du Caire à Alexandrie, par voie fluviale, y compris les frais de transbordement jusqu'au bord du navire exportateur, ne soient pas égaux, sinon inférieurs, peut-être, à ceux que le même poids aurait à supporter pour traverser le canal et franchir, par eau, la distance de parcours qu'économise le mode de transport en usage aujourd'hui?... Enfin, et en admettant que l'avantage soit en faveur de la voie par canal, n'y aurait-il pas lieu de tenir compte aussi des mesures que pourrait prendre le gouvernement égyptien (réduction de droits à la sortie, etc...), dans le but de conserver au marché actuel le monopole d'entrepôt séculaire dont il jouit ?

Telles sont les questions qu'il importerait d'étudier, de prévoir, et dont la solution éclairera tous les intérêts.

On a fait valoir, en faveur du système de viabilité directe des produits du Soudan, à travers le canal maritime de Suez, une proposition dont la valeur mérite d'être prise en considération; car elle aurait comme conséquences de tendre à détourner au profit du port de Souakim, sur la mer Rouge, une partie du trafic intérieur qui se porte sur le Nil. Sur la carte du Soudan oriental et des hautes régions du Nil, dont nous avons annoncé la publication, nous nous sommes appliqué à déterminer, par des teintes distinctes, les zones de parcours des différentes caravanes aboutissant aux entrepôts maritimes vers lesquels convergent les courants commerciaux de chaque région; en s'y reportant, il est facile de se rendre compte des avantages possibles que procurerait au commerce européen ce changement de direction. D'abord, Souakim, envisagé comme port de débarquement unique et central des produits d'une partie du Soudan, aurait l'avantage de réduire considérablement le transport par terre, le plus onéreux à la marchandise, à tous les points de vue; de plus, lorsque les crues sont insuffisantes, et lorsque, par suite, les risques de navigation augmentent, on ne peut guère utiliser le cours du fleuve que depuis Corosco, au-dessous de la deuxième cataracte, et quelquefois même seulement depuis Assouan. Dans ces conditions, la location des chameaux augmente considérablement les frais; et pour peu que les réquisitions gouvernementales que provoquent, du reste, les mêmes circonstances, viennent encore compliquer la situation, la marchandise est alors quelquefois sujette à rester stationnaire sur les bords du fleuve, pendant une année entière, exposée à toutes les rapacités, à toutes les intempéries, en attendant des conditions meilleures de transport, souvent même la crue de l'année suivante... Ces diverses raisons, et d'autres d'un ordre secondaire, semblent ne devoir laisser aucune prise à une critique impartiale, et devoir condamner, dans un temps indéterminé, la grande ligne de parcours de Khartoum au Caire. Nous ne nous permettrons point de les repousser, ni de les combattre, laissant au temps et à l'expérience des trafiquants le soin de décider sur la meilleure convenance de leurs intérêts; bornons-nous, cependant, à quelques objections qui nous paraissent devoir amoindrir, sinon contre-balancer les avantages que nous venons d'énumérer en faveur de cette ligne imaginaire; elles nous paraissent mériter quelque attention.

Nous avons déjà parlé de la puissance que l'esprit de routine exerce sur les races indigènes et de leur profonde méfiance contre tout ce qui peut changer ou modifier un état de choses séculairement établi; ajoutons que les raisons politiques, qui, depuis longtemps déjà, tendent à pousser le courant commercial du Darfour sur le Fezzan, prendront un nouvel ombrage d'un accroissement de relation entre Khartoum et le Kordofan, dont le résultat immédiat sera une notable augmentation du mouvement administratif égyptien, plus près des frontières Foriennes, et conséquemment une inquiétude de plus pour les sultans de Kobeyt; elle pourra se traduire par l'interdiction d'apporter, sur la rive gauche du Nil, les produits des contrées soumises à leur domination.

Les risques de route actuels, que nous avons signalés plus haut, ne seront-ils pas égaux, sinon plus grands encore, sur une mer couverte d'écueils, peu connue à la navigation, et sur laquelle les transports par voiliers offrent de tels dangers, qu'à moins d'une prime très élevée, peu de compagnies d'assurance pourraient s'engager à les couvrir? et si ces transports s'effectuaient par vapeurs, étant considérés les frais de nolis, augmentés du transport par voie ferrée de Khartoum ou de Berber à Souakim, les frais de l'assurance, des droits perçus au canal, et tant d'autres de toute sorte, ne seront-ils pas plus onéreux, peut-être, que les frais du transport direct, jusqu'à Alexandrie, dans les conditionss où il s'opère aujourd'hui?... Enfin, ne faut-il pas admettre encore, et ceci s'impose rigoureusement, que le négociant, acheteur direct ou entrepositaire, qui trouve actuellement au Caire toutes les facilités du choix et de l'examen de la marchandise qu'il veut traiter, se déplacera ou créera des agences à Souakim, sous un climat brûlant et insalubre, dans une localité absolument privée de tout ce qui peut rendre supportable le séjour dans une aussi triste résidence, sans prélever une légitime compensation sur le prix des marchandises passant par ses magasins, et qu'il n'en élèvera pas la valeur dans des proportions qui pourraient faire regretter la route abandonnée?...

Telles sont les questions que nous nous sommes posées et que nous laisserons au temps et à l'expérience de personnes, sans nul doute, plus compétentes que nous, le soin d'étudier et de résoudre. Nous nous bornerons à rappeler que, dans la théorie, tous les raisonnements, tous les calculs les mieux étudiés et les plus précis nous paraissent impuissants à justifier le déplacement d'un grand courant commercial solidement établi, prospère, consacré par l'habitude et la mutuelle convenance des parties intéressées, et d'autant plus solidement fixé, qu'il repose sur les mœurs et coutumes des populations qui l'alimentent et le font prospérer.

Examinons maintenant, au point de vue d'intérêts différents, auxquels assurément nos sympathies sont acquises, dans quelle proportion le canal maritime de Suez aurait à profiter du détournement de la ligne commerciale actuellement suivie, en admettant, *à priori*, que tous les produits du Soudan, qui s'exportent actuellement d'Alexandrie, vinssent à se diriger directement de Souakim par la mer Rouge, l'isthme de Suez et la Méditerranée, à leurs dernières destinations. Nous trouverons, en nous reportant au tableau que nous aurons l'occasion de donner plus loin, une sortie moyenne qui ne s'élèverait pas annuellement à 10,000 tonnes effectives, soit à peu près 8,000 tonnes de jauge officielle ; ce serait donc annuellement un mouvement total de seize navires de 500 tonneaux de jauge chaque, qui produirait à l'administration fiscale du canal un revenu de 80,000 francs. Ne serait-ce pas là un résultat hors de proportion, assurément, avec les inconvénients graves qui pourraient résulter d'un déplacement d'entrepôt ? Nous croyons avoir démontré, d'ailleurs, que ce déplacement ne procurerait au commerce en général que des avantages bien contestables, et serait particulièrement onéreux pour les intérêts privés qu'il atteindrait. A une œuvre aussi gigantesque que le canal de jonction des deux mers, il faut des éléments de prospérité plus en rapport avec le capital énorme qu'elle a nécessité. Elle les possède dans le transit qui s'effectue entre l'Europe, les Indes et l'extrême Orient ; pour le présent c'est le seul élément sur lequel elle doive compter. Quant aux modifications qui pourraient se déterminer, à son profit, sur le commerce des côtes orientales d'Afrique, et, en particulier, des côtes de la mer Rouge, c'est une éventualité qu'il faut laisser au temps et à l'expérience le soin de préparer.

VI

Le port d'Alexandrie est, sans contredit, celui qui exporte la plus grande quantité des produits de toute sorte recueillis dans le Soudan oriental, comme aussi le Caire en est l'entrepôt le plus considérable.

L'immense parcours du Nil, le volume de ses eaux, qui rend la navigation praticable, à certaines exceptions près, depuis l'Équateur et peut-être bien au delà jusqu'à la Méditerranée, enfin la diversité des contrées qu'il arrose et vivifie, leurs riches produits, chaque année plus recherchés par l'industrie européenne et augmentant progressivement de valeur ; toutes ces causes tendent à faire d'Alexandrie le plus grand débouché des produits soudaniens, ainsi que des marchandises d'échanges qui alimentent les relations commerciales dont nous essayons de donner à grands traits un aperçu général.

Longtemps nous nous sommes étonné de l'indifférence des pays de consommation sur l'origine des matières premières qui font la base de certaines industries. Le long trajet de ces produits à travers les contrées, peu connues encore, qui les séparent du port d'embarquement ; la périodicité de certaines époques auxquelles ils se présentent plus ou moins abondamment sur les marchés d'entrepôt ; la portée de certains phénomènes physiques, précieux indicateurs qui permettent de préjuger la qualité de tel produit déterminé, sont cependant autant de connaissances d'une utilité incontestable.

Nous n'en voulons pas de meilleure preuve que le silence gardé par les commerçants indigènes à toutes les demandes d'investigation qui leur sont adressées, dans le but d'éclaircir certaines indications qu'ils croient de leur intérêt de dissimuler ; leur ignorance feinte et l'apparente indolence qui constitue le fond de leur caractère, sont des auxiliaires dont ils savent admirablement se servir pour éluder ou circonscrire toute demande indiscrète. C'est ainsi que nous avons échoué dans nos recherches persistantes sur l'emploi, comme sur les lieux effectifs de production et de destination des *racines de gantouz*, qui, des ports de Tunis, de Bône, de Philippeville, sont expédiées sur Alexandrie et le Caire, par quantités assez considérables, et de là sont exportées sur l'Arabie, d'après les uns, sur les Indes, d'après d'autres; il y a là une preuve évidente du soin que met le commerce indigène à ne pas divulguer des données pouvant créer une concurrence à cette branche d'exploitation.

Le développement régional considérable sur lequel s'étend le trafic dont le Caire est le marché central entrepositaire et dont Alexandrie est le port d'embarquement, comprend une surface de près de soixante-quinze mille lieues carrées, qui s'étend entre le 24e et le 32e degré de longitude, pour aller, actuellement, se terminer au sud, près de l'Équateur. Ce vaste territoire est confiné à l'ouest, à peu près à la hauteur des monts Marrah, par le Dar-Fertit, et pénètre un peu plus en avant sur le cours du Bahr-el-Arab, tributaire peu connu du Bahr-el-Gazal; de là il continue à s'avancer davantage vers l'ouest, dans la région du haut fleuve Blanc, où il rencontre les établissements arabes des Ali-Oumouri, Koutchoub-Ali, Hassan-Mousmar et autres, pour prendre son extrême limite aux établissements français que les frères Poncet avaient créés chez les Niam-Niam, sur la rivière Baboura dont nous leur devons la première mention. De là, se repliant vers le sud-est, il semble atteindre l'extrémité de l'Albert-Nyanza et descendre la rive orientale de ce lac, jusqu'au premier degré de latitude septentrionale; rétrogradant ensuite vers le nord, en s'éloignant peu du 32e degré de longitude, à travers les tribus Gallas des Berry et les Chillouk du Dar-Bouroum, il atteint le Nil Bleu, vers le Fazoglou; enfin, il se confond, dans le Sennaar, avec le champ de trafic des Arabes de la région de Souakim, et vient aboutir vers le 20e parallèle, après avoir embrassé, dans ses immenses limites, une région aussi imparfaitement connue que mal exploitée.

Les opérations qui s'y traitent sont aujourd'hui complétement monopolisées entre les mains des trafiquants arabes, soutenus et secondés par le gouvernement de Khartoum; nous n'examinerons pas si son influence a toujours été des plus sympathiques aux intérêts européens engagés dans la contrée, concurremment avec ses ressortissants immédiats; nous laisserons, à qui désirera s'en rendre compte, le soin de consulter, comme nous l'avons fait nous-même, les chapitres qui ont été écrits sur ce sujet délicat.

Khartoum est le grand entrepôt intérieur et central de tout le commerce qui se traite dans le vaste pays dont nous venons de déterminer l'étendue; un gouverneur y commande une garnison égyptienne, et perçoit, soit en argent, soit en nature, les impositions des peuplades plus ou moins directement soumises à sa juridiction; la navigation du haut fleuve est placée sous son contrôle et sa surveillance immédiate; plusieurs consuls européens y résident et protégent les intérêts, chaque jour moins importants, de leurs trop rares nationaux. Cette ville, dont la population flottante indigène s'élève à environ 12,000 à 15,000 âmes, reçoit, par le Nil Bleu, à l'époque des hautes eaux, tous les produits du Sennaar, jusqu'au Fazoglou. Karkodji, village situé sur la rive droite du fleuve, à environ quatre-vingts lieues de son confluent avec le Nil Blanc, est un grand entrepôt où les gommes des forêts de Gedaref et de Mtemma de Gallabat, le coton, la cire, le sésame, le doura, récoltés et recueillis sur les rives du Rahad et du Dender, viennent attendre l'époque de l'embarquement; il s'y tient un marché hebdomadaire assez fréquenté. Le trajet de Karkodji à Khartoum se fait avec assez de sécurité, dans l'espace de huit à dix journées.

Nous devons faire remarquer ici que les grandes forêts de gommiers qui s'étendent entre les rives du Nil Blanc et celles de l'Atbara se composent de mimosas reconnaissables à leur écorce d'un brun clair, à leur grande fleur jaune, et dont le produit rouge et friable donne la gomme connue au Caire sous le nom de *Talki*, du nom de l'arbre sur lequel on la recueille. On attribue à l'humidité du sol dans lequel il croît l'infériorité de cette gomme, très-demandée, du reste, par le commerce; sa valeur est d'un tiers inférieure à celle de la gomme blanche du Sennaar. L'acacia *Hachab*, à écorce grise et à fleurs blanches, qui produit cette dernière, se rencontre aussi dans ces forêts, et d'autant plus fréquemment qu'elles s'étendent plus à l'ouest et que les arbres rencontrent un terrain plus léger et moins arrosé.

En remontant le Nil Blanc de Khartoum au Djbel Tfafan, montagne située près de l'embouchure du Bibar, à peu de journées de navigation au-dessus du port de départ, de plantureuses et belles forêts couvrent les rives du fleuve; nul encore, que nous sachions, ne les a parcourues ni décrites, mais on ne saurait mettre en doute les richesses végétales qu'elles renferment; les quantités de gommes blanches qu'on en retire en rendent témoignage; nous ne pensons pas qu'elles s'étendent beaucoup vers l'ouest, car le Kordofan, dont les limites orientales bordent le Nil sur une centaine de lieues d'étendue, est un pays dont la superficie connue est découverte, peu boisée et où les eaux sont peu abondantes. Il n'y a pas d'établissements fixes sur les deux rives jusqu'au point que nous venons d'indiquer; les barques des traitants se bornent à faire quelques échanges avec les populations nomades riveraines; au gué d'El-Mandara un marché permanent leur procure quelques belles gommes, du tamarin, de l'ivoire cher, peu abondant et de petite dimension, des dents et des lanières de peaux d'hippopotames, des peaux de bœufs, etc. Cette contrée forme ici l'extrême limite septentrionale du parcours des éléphants, qui n'y sont pas nombreux.

On comprendra que les notions sur le commerce de ce pays soient encore très-incomplètes, en se rappelant qu'il y a trente ans à peine, cette partie du fleuve nous fut révélée pour la première fois, et pour ainsi dire à peine esquissée, après les voyages de Selim-Bembaki et d'Arnaud Bey, dont la relation, croyons-nous, n'a jamais été publiée que par fragments. Peu après, Vaudey, Brun-Rollet, Veyssière, Petheric, Debono, s'étant plus exclusivement voués à la recherche de l'ivoire, ne firent que passer sur cette partie du fleuve, dont les ressources ne leur paraissaient pas suffisamment abondantes et allaient augmentant à mesure qu'ils s'avançaient davantage vers le sud ; ils dirigèrent en conséquence leurs explorations au-dessus des grands marais du 9e degré, où le pays, moins boisé, plus ouvert et parcouru par d'innombrables troupes d'éléphants, leur paraissait offrir d'inépuisables trésors en ivoire, qui furent, hélas! bien vite diminués par une concurrence déréglée et une exploitation imprévoyante. Que reste-t-il aujourd'hui des établissements qu'ils ont fondés sur le haut fleuve Blanc avec tant de fatigues et au milieu de périls de toute sorte ? Où sont ces nombreuses et confortables *dahabieh* où les pavillons anglais, français, italien et autrichien, fiers avant-coureurs de la civilisation et du libre trafic, semblaient avoir relié pour toujours ces contrées au commerce de toutes les nations ? Tout a disparu depuis quelques années, emporté comme par un souffle mystérieux ; et si parfois encore, une couleur européenne flotte timidement sur une barque au gréement effiloqué, à l'équipage et à la cargaison suspects, nous ne pouvons plus que nous en affliger ; car, sur le haut Nil, le commerce de l'ivoire et la traite des esclaves marchent trop côte à côte.

Le parcours du Nil, depuis Khartoum jusqu'à l'embouchure du Saubat, ne doit plus être considéré aujourd'hui que comme une large route fluviale conduisant aux hautes régions et sur laquelle on ne s'arrête guère que pour pourvoir aux seules nécessités des approvisionnements ; la durée du trajet varie de deux à trois semaines selon la force des vents du nord qui sont indispensables pour cette navigation. A partir de l'embouchure du Bibar, en remontant le fleuve, les forêts s'écartent des rives et s'étendent à droite et à gauche dans les pays des Shellouk ; on y recueille de belles gommes blanches et du tamarin très-estimé au Caire. On approche enfin des grands marais du 9e degré, dont les énormes papyrus ont voilé, pendant tant de siècles, le cours supérieur du grand fleuve et le mystère de ses crues périodiques ; c'est le pays des grandes chasses, parcouru par des troupes d'éléphants énormes aux précieuses défenses ; partout les eaux abondent en nombreux crocodiles et en monstrueux hippopotames.

En considérant avec quelque attention cet immense bassin collecteur des masses d'eaux qui descendent du sud et se trouvent retenues par un relief du sol se prolongeant à l'ouest sous le même parallèle, on peut supposer avec de grandes probabilités d'exactitude que cette vaste étendue marécageuse ne représente plus aujourd'hui que le bas-fond d'un immense lac, dont les eaux se seraient échappées à travers des seuils lentement désagrégés par le cours du Nil, tandis que chaque année augmentait l'épaisseur des couches sédimentaires produites par le transport des limons supérieurs et par la décomposition des dépouilles végétales. Et ce n'est point là, croyons-nous, une pure hypothèse, car nous en trouvons une sorte de confirmation dans l'observation d'un mouvement de décroissance qui est propre à plusieurs grands lacs du centre de ce continent. Denham et Clapperton, dans la description du lac Tschad, constatent un abaissement considérable du niveau de ses eaux, démontré par le rétrécissement de ses rives plates, marécageuses et envahies par les roseaux. Bien que dépourvu de déversoir apparent, il est cependant copieusement alimenté par le Chary, le Yeou et d'autres rivières de moindre importance. Speke et Grant, dans leur relation de voyage, font aussi mention, d'après les récits des indigènes riverains du lac Victoria, d'un phénomène analogue. Peut-être l'Albert-Nyanza, mieux connu, donnera-t-il lieu à une semblable remarque. Quelles que puissent être les causes physiques de la diminution incontestable de ces grands bassins intérieurs, elles nous semblent trouver un puissant auxiliaire dans la force énorme d'absorption des vents étésiens, considérablement desséchés eux-mêmes par un parcours de plusieurs centaines de lieues sur les sables brûlants des vastes déserts qui limitent au nord la région des grands lacs.

Le Saubat, que la relation de Selim-Bembaki désigne sous le nom de Bahr-Telki, nom que lui donnent les Shellouk, est parcouru ainsi que ses affluents de la rive droite, par quelques trafiquants arabes, jusqu'à une trentaine de lieues de son embouchure. Pendant la saison des pluies, soit de mai à octobre, les barques remontent cette rivière, à pareille distance de ce dernier point; mais ces excursions sont dangereuses, à cause de l'hostilité des tribus Gallas riveraines; aussi n'y voit-on aucun établissement stable et ne s'y fixe-t-on que le temps strictement nécessaire pour les échanges avec les indigènes.

Nous le répétons une fois pour toutes, le commerce de l'ivoire et le trafic des esclaves sont, à partir de cette région, l'unique but des expéditions et l'objet principal des transactions avec toutes les contrées situées au sud et à l'ouest.

Les rives du Saubat sont marécageuses et très-malsaines; l'eau, cependant, est profonde et permet aisément aux barques de pénétrer assez loin dans l'intérieur; mais le Saubat ne répond pas à ce que semble promettre un fleuve qui, d'après nos cartes, serait la continuation du Godjab, dont le parcours beaucoup plus étendu que celui du Nil Bleu et, comme lui, abondamment alimenté par les massifs montagneux et les plateaux du Naréa et du Kaffa, doit présenter un volume d'eau important et un courant permanent jusqu'à son embouchure. Il peut donc y avoir, dans les données recueillies jusqu'ici sur ce premier fleuve, une erreur d'indication en ce qui concerne son identité présumée avec le Saubat; nous ne craignons pas de hasarder la supposition que le Godjab est peut-être un grand affluent du Victoria-Nyanza ou du Bahr N'go, hypothèse que rendrait assez vraisemblable la proximité de ces bassins vers lesquels le Godjab semble prendre sa direction entre les 34e et 35e degrés de longitude.

Depuis l'embouchure du Saubat, le cours supérieur du Nil se ralentit considérablement; aidées des vents du nord, les barques s'engagent dans les marécages qui masquent et obstruent quelquefois, au point d'interrompre la navigation, les passages à travers lesquels elles doivent pénétrer pour atteindre le cours du haut fleuve. Depuis là jusqu'aux abords de Gondokoro, le Nil cesse d'avoir un encaissement régulier et bien défini; ce dernier point, siége d'une mission catholique aujourd'hui abandonnée, est un lieu d'entrepôt où les trafiquants opérant au sud et à l'est déposent leurs réserves d'approvisionnements et emmagasinent leurs marchandises de retour, en attendant le moment propice pour les expédier sur Khartoum.

La position de Gondokoro au milieu de tribus sauvages à peine connues et à proximité des peuplades audacieuses et entreprenantes des Gallas, est d'un incontestable avantage pour le négoce de ces contrées; c'est aussi la route naturelle la plus sûre et la plus directe pour pénétrer, par le fleuve, au milieu des nombreuses populations qui habitent et fréquentent la région des grands lacs; c'est enfin une sorte de port naturel placé en amont et à la sortie des marais, et en aval des chutes et nombreux rapides qui rendent très-dangereuse, sinon impraticable, même dans les plus hautes eaux, la navigation supérieure du Nil jusqu'à Appudo. Nous nous étonnons que le gouvernement égyptien, dont les tendances à monopoliser le commerce de la contrée en mains de ses régnicoles ne sauraient rester inaperçues, n'ait pas fait établir à Gondokoro des magasins et créer un poste de protection dont l'importance serait réelle. Quelques soldats, croyons-nous, y sont chargés, en son nom, d'y maintenir une sorte d'occupation permanente, que nous croyons sans importance effective; ils nous paraissent constituer la seule protection sous laquelle s'abrite, sans beaucoup y prospérer, le trafic interlope de la contrée.

Dans sa relation de 1864, sir S. Baker nous a donné un aperçu général intéressant sur le parcours et les agissements des caravanes égyptiennes dans la région du sud-est ; la violence de leurs moyens, leurs actes d'hostilité envers les indigènes, leurs méfaits de toute sorte, ont tellement frappé les populations, que nous pouvons considérer leurs excursions comme de véritables courses de pirates ou à peu près, à travers des tribus qui, le plus souvent, fuient leur approche quand elles ne se défendent pas à outrance dans leurs réduits fortifiés. On comprend dès lors comment leur marche tend chaque année à s'étendre de plus en plus sans avantages réels pour l'augmentation de la production, et les raisons qui poussent les populations à fuir les caravanes pour échapper aux réquisitions forcées de vivres et de porteurs, en répandant au loin la méfiance et la désaffection.

Appudo, situé sur le haut fleuve à quarante-cinq lieues environ au sud de Gondokoro, est un point destiné à devenir aussi un important entrepôt de trafic ; sa situation est essentiellement favorable à un futur développement. Il a été vu pour la première fois par Miani en 1860, puis par Speke, et plus tard par Baker ; ce dernier a constaté que le parcours fluvial entre Appudo et Gondokoro n'est qu'une suite non interrompue de rapides et de chutes qui rendent la navigation impraticable en toute saison. Le seuil d'Appudo peut être considéré comme la barrière la plus élevée opposée à l'écoulement des eaux de l'Albert-Nyanza; la distance qui sépare ce seuil du point d'où les eaux entrent dans le fleuve est d'environ 35 lieues, en tenant compte des sinuosités de son cours; le courant y est très-faible, et, sauf les marais dont Baker signale l'existence, la navigation ne paraît pas devoir présenter de sérieuses difficultés. On comprendra qu'ainsi placé dans une position essentiellement avantageuse, Appudo prenne, quelque jour, un grand développement, en rattachant le commerce du haut fleuve à Gondokoro, par une route facile à créer; ces avantages n'ont certainement pas échappé à sir S. Baker, et c'est bien là même qu'il faut placer ce « magnifique endroit situé sur le Nil par 3°,32' de latitude nord », sur lequel il a projeté de fonder un poste fortifié devant servir de base aux explorations de l'Albert-Nyanza, et former le noyau d'un centre commercial auquel on peut prédire un avenir prospère.

On compte, dans la contrée qui s'étend de Gondokoro à Appudo et au sud-est de ce dernier point, un assez grand nombre d'établissements fixes, dont la plupart on des traitants arabes pour fondateurs et propriétaires; ils s'avancent chaque jour davantage vers le sud, et ramifient leurs explorations dans des directions assez étendues. Nous citerons plus particulièrement ceux de Locaya, Livia, Obo, à l'est des monts Garbo, Makedo près des chutes du fleuve et du confluent de la rivière Assua, Niambara, Faloro, etc.; on cite l'un de ces établissements, propriété d'un certain Mohamed Agad, qui recueille annuellement de 40 à 45 000 kilogrammes d'ivoire. Tout le pays, couvert d'immenses prairies, de hautes herbes, alternant avec des bois épais, est très-favorable aux grandes chasses; les défenses d'éléphants y sont généralement de grosse dimension ; elles sont transportées jusqu'à Gondokoro, soit une à une, à dos de porteur, soit accouplées par deux ou par trois et cousues dans des peaux fraîches, qui, en se rétrécissant par la dessiccation, acquièrent une grande rigidité et les maintiennent très-solidement ; c'est dans cet état qu'elles arrivent sur le marché du Caire.

Tout le pays qui s'étend au nord de l'Albert-Nyanza jusqu'au Bahr-el-Gazal, et de la rive gauche du Nil à la rivière Baboura, est parcouru et exploité par de nombreux trafiquants qui y ont fondé beaucoup d'établissements; c'est la contrée du haut fleuve Blanc, traversée du sud au nord par plusieurs rivières toutes tributaires du Bahr-el-Gazal, et dont les vastes marais du 9e degré cachent les eaux jusqu'à une très-grande distance de leur embouchure. L'ivoire y est abondant et de belles dimensions ; il fait l'unique objet de toutes les transactions, au détriment des richesses naturelles propres au pays, dont l'exploitation est complétement délaissée ; le pays possède de nombreux gommiers dont les indigènes négligent de tirer profit ; les plumes d'autruches y sont peu abondantes et de qualité d'autant plus médiocre qu'on se les procure plus loin du désert. De nombreux spécimens de végétaux utiles ont été soumis à l'examen de plusieurs sociétés savantes d'Europe, mais l'exploitation en est restée négligée ; les minerais de cuivre et de fer abondent dans la contrée, et plus spécialement chez les Dôr et le pays si peu connu encore des Niam-Niam, situé entre la rivière Djour et le Baboura ; on les rencontre surtout dans les montagnes, et pendant la saison sèche dans le lit des cours d'eau qui y prennent leur source ; leur malléabilité est très-grande, et les naturels en savent très-bien tirer parti pour la fabrication de leurs armes, de quelques ustensiles et de menus objets de parure. On rencontre quelquefois chez les Djour des indigènes du Dar Fertit qui y viennent faire quelques échanges, et il ne sera pas sans intérêt de remarquer qu'ils signalent, dans la direction du nord-ouest, l'existence de riches mines de cuivre, qui doivent probablement être celles de El-Hafra ou Kofrat-el-Nakass, contrée confinant incontestablement au Wadaï, et sans aucun doute en relations, avec ce pays, de commerce méditerranéen.

La contrée du haut fleuve Blanc ne nous est connue avec quelques détails que par les renseignements que nous ont transmis les commerçants européens qui depuis Brun Rollet ont trafiqué dans cette région; si imparfait que soit encore l'ensemble de ces notions, elles n'en sont pas moins très-précieuses et d'une grande utilité pour la géographie. Quelques entreprises scientifiques ont déjà été tentées dans le but d'élargir le cercle encore étroit des connaissances acquises; le succès n'a malheureusement pas répondu au dévouement des explorateurs; les docteurs Peney et Steudner, madame Tinne mère et le lieutenant Le Saint, ont payé de leur vie la noble ambition d'enrichir nos cartes de détails exacts sur une région que le voisinage des grands marais rend si fatale aux constitutions européennes les plus robustes. Espérons que des dispositions mieux prises et des époques mieux choisies aboutiront à des résultats plus heureux et d'autant plus précieux surtout, que nous avons lieu d'attendre, par cette même contrée, l'ouverture de communications directes avec le bassin du Tschad, qui en est à peine distant de 9 degrés et dont la ligne de partage des eaux avec le Bahr-el-Gazal nous semble devoir toucher presque au domaine de nos connaissances actuellement acquises à l'ouest du Bahr-Djour.

Les grands marais du Bahr-el-Gazal ne sauraient avoir d'autre importance commerciale que celle qui s'attache à une large voie de communication fluviale reliant les établissements du Djour au Nil. De nombreuses barques glissant sur ses eaux calmes et limpides transportent à

Khartoum l'ivoire recueilli dans la région que nous venons de décrire ; un dédale inextricable de canaux, alternant avec des lacs perdus au milieu de roseaux gigantesques, ne saurait constituer une contrée susceptible de permettre la création d'établissements permanents d'échanges. Seules, quelques tribus errantes de Nouers fixent leurs résidence sur certaines éminences de terre ferme, et fournissent quelques bestiaux aux équipages des barques de passage ; ces dernières emploient huit jours environ à faire le trajet du Moucherat d'Ali-Omouri, sur le lac Reck, à la partie ouverte du fleuve Blanc, un peu à l'est du lac No. Des eaux pour ainsi dire encombrées de reptiles de toutes sortes, de crocodiles énormes et de massifs hippopotames, une atmosphère alourdie par une évaporation constante, prodigieuse et saturée de myriades d'insectes ailés, rendent ce trajet aussi désagréable pour les Européens que pour les indigènes ; très-compréhensible est aussi la mystérieuse terreur qui s'empara de l'expédition romaine envoyée par l'empereur Néron au premier siècle de notre ère, à la recherche des sources du Nil, quand les voyageurs essayèrent de pénétrer dans ces marais qu'ils durent croire peuplés de tous les monstres de la mythologie.

La descente des barques depuis le lac No jusqu'à Khartoum s'effectue en vingt ou vingt-cinq journées ; dans les basses eaux, les barres de Mokada-el-Kelb et de Mokada-Abou-Zeit, qui, au XVe siècle, ont facilité aux Schellouks occidentaux l'envahissement du haut Sennaar, où ils sont fixés aujourd'hui, apportent à la navigation de graves entraves et nécessitent quelquefois l'allégement des barques sur des rives que les violences et les abus des traitants eux-mêmes ont rendues inhospitalières. A part le passage de ces deux barrages naturels, précurseurs des seuils granitiques où commencent, au-dessous de Khartoum, la série des chutes et rapides qui se succèdent vingt fois à partir de l'île Mirmate jusqu'à Assouan, le fleuve large et tranquille n'offre plus que le cours majestueux de sa masse d'eau, qui, après avoir reçu le torrentueux Atbara, dernier collecteur des reliefs occidentaux d'Abyssinie, va porter à la Méditerranée des trésors d'alluvions capables de fertiliser l'immensité du désert.

De Khartoum à Berber la navigation du Nil n'éprouve pas d'entraves pendant les hautes eaux, qui commencent à croître régulièrement d'avril à fin juillet, pour diminuer ensuite jusqu'en octobre; pendant la saison des basses eaux, les transports s'effectuent à dos de chameaux le long du cours du fleuve. Sur ce parcours se trouve la ville de Chendi, détruite par Méhémet-Ali pour tirer vengeance de la mort de son fils Ismaïl Pacha qui y fut assassiné par les habitants en 1820; c'est aujourd'hui tout à la fois un centre de commerce et une cité universitaire dont les écoles sont renommées au Kordofan et au Darfour; c'est aussi à Chendi que se rendent plusieurs caravanes de pèlerins de ces mêmes contrées qui, chaque année, se dirigent sur la Mecque par le port de Souakim; mais la route qu'elles suivent semble être de plus en plus délaissée pour la route plus septentrionale de Berber.

Matamah, ville située sur la rive du fleuve opposée à Chendi, est un grand entrepôt pour les caravanes qui, des contrées situées à l'ouest du Nil, se rendent sur différents points de la rive gauche du fleuve, notamment Souk-es-Schellouk, Turda, Mohamed, Omdourma, et qui portent sur le marché de Matamah les produits qu'elles n'ont pu écouler aux traitants du fleuve; de cette ville qu'elles dépassent rarement, elles retournent par différentes routes à leur point de départ après avoir opéré leurs achats de retour.

De Chendi à Berber, la route suit indistinctement la rive droite ou la rive gauche du Nil, selon que les caravanes sortent de Matamah ou de cette première ville. Le climat comme le séjour de Berber est beaucoup plus sain et plus agréable que celui de Khartoum, et les consuls européens de cette dernière localité y passent volontiers la mauvaise saison; placée bien près de l'extrême limite septentrionale des pluies tropicales, elles n'en reçoit plus que de très-peu abondantes; aussi, moins chargée de vapeurs humides, la chaleur de l'air y est-elle plus supportable.

Berber sert d'entrepôt aux marchandises qui se dirigent, soit par Abou-Ahmet sur Korosko où elles reprennent la voie fluviale interrompue jusque-là par les rapides, soit sur Souakim par les déserts des Bicharieh, en suivant les étapes que nous avons eu déjà l'occasion d'indiquer; c'est, sur le Nil, le port de commerce le plus rapproché de la mer Rouge : quatre-vingts lieues, à peine, le séparent de Souakim. On comprend l'importance de cet entrepôt et l'avenir que peut lui réserver la création, entre ces deux ports, d'une voie ferrée dont le projet, assure-t-on, a été conçu. La distance par terre entre Khartoum et Berber s'effectue en huit journées, et par le Nil, dans la saison des hautes eaux, en trois ou quatre journées. « Berber, expose M. Garnier dans l'intéressant mémoire » que nous avons eu déjà l'occasion de citer, est l'Échelle » de Khartoum pour les marchandises qui, descendant et » remontant le fleuve, sont transportées à dos de cha- » meaux à travers le désert de la Nubie... C'est le point » de jonction de la route d'Égypte par Korosko et le désert » d'Atmour avec celle de la mer Rouge par Souakim..... » Ce sont les Arabes Kababieh, établis en face de Berber, » sur l'autre rive du Nil, qui élèvent des chameaux assez » robustes pour franchir en huit jours les cent lieues du » désert d'Atmour; et les Arabes Ababdeh, qui fournissent » les guides (khabirs), seuls capables de diriger les cara- » vanes dans ces solitudes arides. Ces khabirs forment » une corporation; pour y entrer, il faut qu'ils aient exercé » pendant de longues années le métier de chamelier dans » l'Atmour, et que le cheikh des Ababdeh les ait reconnus

» habiles à conduire les voyageurs ; ils lui doivent compte » des colis que l'épuisement des bêtes qui les portaient » force quelquefois de laisser en chemin ; et si, jusqu'à ce » qu'on soit venu les chercher, ces colis ont été ouverts ou » volés, ce qui arrive très-rarement et le plus souvent par » le fait du passage de Bachi Bouzouk, le cheikh des Abab- » deh est tenu de rembourser le dommage..... Si la route » de l'Atmour est très-pénible pour les hommes et pour » les bêtes de somme, par suite du manque d'eau et de » l'absence de toute végétation, elle est, par compensa- » tion, la plus sûre et la plus courte de celles qui condui- » sent au Soudan quand les chameaux sont en nombre pro- » portionné aux besoins du commerce. »

Comme complément à cette citation, ajoutons que les réquisitions, toutes les années plus nombreuses et plus exigeantes, ordonnées pour les besoins du gouvernement, et le défaut absolu de contrôle et de surveillance sur les agents commis à leur exécution, ont beaucoup contribué à éloigner les chameliers de cette route, et à diminuer les moyens de transport des marchandises destinées au maché du Caire, comme à en augmenter aussi le prix au grand préjudice du commerce. Par les mêmes raisons aussi, nous a-t-il été assuré, il est souvent arrivé que des quantités de gommes assez considérables sont restées retenues une saison entière sur les bords du fleuve, faute de moyens de transport pour les diriger sur l'Échelle de Korosko, précisément dans des années où leur rareté aurait pu promettre au vendeur la réalisation d'un bénéfice assuré.

Pour ce dernier produit du Soudan, mentionnons une remarque que nos observations nous ont permis de vérifier et qui peut avoir une certaine valeur pratique. La récolte de la gomme ne se fait point, ainsi que beaucoup de personnes le pensent, au moyen d'incisions pratiquées sur l'arbre ; la gomme transsude naturellement à travers l'écorce, sur laquelle elle vient se coaguler en différentes formes, en grumeaux plus ou moins gros, en larmes ou en coulées; c'est dans cet état que les indigènes la recueillent en l'abattant à l'aide de longues gaules; il est à remarquer que la transsudation est d'autant plus grande et la gomme supérieure en qualité, que la chaleur est plus intense et que la saison sèche se prolonge davantage (assez communément d'octobre en mars). Dans ces années favorisées, la gomme hachab ou arabique est d'une belle transparence, les morceaux en sont plus gros et plus friables, conditions exigées pour les belles sortes; le contraire se produit dans les années où des pluies précoces ou persistantes abrégent la saison estivale; la récolte, dans ce cas, est moins abondante et la gomme qui a subi les atteintes de l'humidité se durcit, se colore en jaune, ou prend une teinte grisâtre qui lui fait perdre sa transparence. Dans ces années, il est très-difficile de se procurer de beaux produits, aussi l'observation nous a-t-elle amené à reconnaître que, lorsque en Égypte le niveau des grandes crues du Nil s'élève au-dessus de la moyenne commune, signe incontestable de l'abondance des pluies dans les régions supérieures, les belles gommes sont rares ou manquent complétement.

Comme il peut paraître intéressant de donner un aperçu des frais que supporte cette marchandise depuis son lieu d'origine jusqu'au Caire, nous reproduisons le décompte suivant; il s'applique à un *rahlé*, ou charge de chameau de 528 kilogrammes, acheté sur le marché de Kedaref:

Prix d'achat	28	talaris	140 fr.	»
Douane à Kedaref	»	1/2	2	50
Taxe du cheikh	»	1/4	1	25
Triage, courtage, emballage à Kassala	»	3/4	3	75
Transport à Kassala	4	»	20	»
Transport de Kassala à Souakim	10	»	50	»
Douane à Souakim, 8 0/0	3	1/2	17	50
Prix de revient à Souakim			235 fr.	»

Or, le prix de vente, au Caire, étant pris dans la moyenne de 450 piastres courantes pour 133 rotolis, soit à peu près 64 francs les 58 kilogrammes, le produit de la vente sur ce dernier marché donnera 583 francs, dont il faut déduire 33 francs pour tare de trois saches pesant 10 kilogrammes l'une, soit net 550 francs. La différence entre le prix de revient à Souakim et le prix de vente au Caire étant ainsi de 315 francs, dont il y a à déduire le nolis de Souakim à Suez, les frais d'embarquement et de débarquement dans ces deux ports et le transport par voie ferrée jusqu'au Caire, — frais que nous évaluons à environ 75 francs, — le bénéfice net de 240 francs, réalisé sur une marchandise dont le premier coût s'élève à 235 francs, nous paraît constituer une assez belle rémunération !

Cet exemple a son éloquence ; il fait saisir en quelque sorte sur le fait, l'immense avantage que le commerce européen retirerait de l'exploitation régulière et suivie des richesses propres au pays que nous venons de parcourir ; il démontre, en outre, avec une incontestable évidence, que les prix de certaines matières premières, utilisées par nos industries, ne se maintiennent à des limites surélevées et assurément fort supérieures à leur valeur réelle effective, que par un défaut de recherches et d'études sur les premiers éléments de production aux lieux mêmes où ils se recueillent, et par une absence regrettable de cette virile initiative dont on ne saurait estimer trop le mérite ; si nous considérons encore que le trafic des denrées que produit le Soudan est exclusivement concentré aujourd'hui entre les mains des indigènes, il ne sera pas difficile de comprendre les causes qui tendent de plus en plus à leur en conserver exclusivement le monopole.

Nous terminerons ce chapitre par un aperçu général sur la nature et l'importance estimative des productions soudaniennes qui s'exportent annuellement du port d'Alexandrie à destination de tous pays.

Cire jaune................	100 000	kilog.	440 000 fr.
*Café moka (1).............	1 300 000	—	2 400 000
Dents d'éléphants......... ..	19 000	—	200 000
Gommes diverses...........	7 000 000	—	8 000 000
*Peaux brutes..............	90 000	peaux	800 000
Plumes d'autruches.........	90 000	kilog.	1 300 000
*Séné......................	340 000	—	150 000
Tamarin....................	35 000	—	32 000
Musc.......................	300	—	33 000
		Total.........	13 355 000 fr.

Il résulte de cet exposé très-approximatif, que l'exportation des produits du Soudan et de l'Abyssinie, par le port d'Alexandrie, dépasse, en moyenne commune, la somme de 13 millions de francs, valeur estimative à l'achat sur le marché du Caire ; or, il faut se rendre compte du faible capital employé eu égard au bénéfice considérable prélevé sur la valeur des objets donnés à titre d'échanges, ainsi que des moyens d'exploitation de toute sorte employés par les trafiquants indigènes, soumis de par les traditions locales à tous les caprices fiscaux imaginables ; ne peut-on pas se demander alors, à quel degré de développement et de production est appelé à atteindre le commerce intérieur de cette immense région, le jour où l'élément européen honnête et sagement légiféré, se substituant à l'élément indigène, utilisera les ressources d'une vaste contrée, dont le développement rencontre chaque jour de nouvelles entraves ?

(1) L'astérisque placé en regard des produits désignés indique que dans le chiffre de la quantité exportée, est comprise aussi une partie quelconque, indéterminée, de produits provenant de l'Arabie par Djedda.

VII

Ainsi que nous avons eu déja l'occasion d'en faire la remarque, un fait incontestable et qui mérite de fixer l'attention, c'est la diminution progressive des rapports commerciaux du Darfour avec l'Égypte et la réduction considérable du nombre et de l'importance des caravanes qui fréquentent les marchés de ce dernier pays ; elles s'y rendent aujourd'hui par quatre routes principales :

L'une se dirige directement à travers le Kordofan sur le port intérieur de Khartoum ; l'autre, prenant une direction plus septentrionale vers le Nil, atteint Matamah, marché situé en face de Chendi, sur la rive gauche du fleuve. Ces deux directions sont surtout suivies aux époques du pèlerinage de la Mecque et ces pélerinages sont toujours une occasion importante de trafic entre l'Arabie et les populations musulmanes du Darfour, du Waday et du Fezzan. La troisième route, partant de Soueni, marché situé à environ vingt-cinq lieues de Kobeyt, et quittant à ce point la route directe de l'Égypte, prend sa direction vers le nord-est, et, traversant la partie occidentale du désert de Bayouda, atteint le Nil à Debbe et, de là, le marché de Dongola et Agouz. Ces diverses caravanes, peu nombreuses et d'une importance secondaire, envoient toutes sur le marché du Caire une partie plus ou moins importante de leurs marchandises, que les Djellabs achètent et transportent sur les marchés riverains du Nil.

La quatrième caravane suit, en ligne presque directe vers le nord, à travers le désert, une route qui la conduit de Kobeyt à la ville de Syout; elle met environ quarante-cinq à cinquante journées à parcourir cette distance que l'on peut évaluer à trois cent quarante lieues communes environ. Une seule fois par an, vers le milieu de mars ou d'avril, cette caravane apporte en Égypte les produits suivants : des gommes blanches, très-estimées au Caire, qui se tirent en assez grande abondance des forêts du pays ; environ 1200 à 1500 quintaux d'ivoire ; 200 à 400 quintaux de plumes d'autruches ; environ 1500 quintaux de tamarin, de qualité supérieure (ces évaluations sont à peu près la moyenne des quantités apportées en Égypte ces dernières années) ; du henné, du natron, des chameaux, des outres et enfin des esclaves. Une tolérance, peut-être calculée, laisse pénétrer dans le pays, sous la dénomination fallacieuse de serviteurs, porteurs et d'autres mensongères qualifications, ce dernier produit qui constitue la branche de prédilection du commerce des Djellabs.

Qu'il y a loin de là, cependant, à ces immenses convois de marchandises que le Darfour dirigeait annuellement sur l'Égypte, et des quinze mille chameaux chargés de produits divers que les rapports de l'expédition française nous ont signalés comme composant à cette époque la grande caravane de Syout !... Il ne sera peut-être pas sans intérêt d'examiner les causes les plus connues d'un amoindrissement aussi préjudiciable aux intérêts de l'Égypte ; elles sont essentiellement politiques et tiennent à divers ordres de faits, dont nous examinerons ici quelques-uns.

Il faut remonter a l'occupation ou plutôt à l'annexion du Kordofan à l'Égypte, opérée en 1820 par Mehemed Ali. Ce pays, que convoitaient aussi les sultans du Darfour dans le dessein d'étendre leur empire jusqu'au Nil, leur échappa dès lors pour toujours ; et le ressentiment qu'ils éprouvèrent de cette perte, aussi bien que l'inquiétude de voir s'établir, à quelques journées de marche de leur capitale, une puissance dont ils se prirent dès cette époque à redouter les envahissements, ont beaucoup contribué à réduire les relations commerciales entre les deux pays.

En première ligne encore, et à un point de vue très-général, il faut citer le ralentissement qu'éprouve, sur les marchés égyptiens, la vente des esclaves visiblement entravée par l'administration du pays. Or, sur tous les points de l'Afrique où la civilisation entretient des relations de commerce avec les indigènes, la traite des noirs est tellement le but principal de toutes les transactions, que partout où elle est entravée ou prohibée, les relations d'échanges sur les autres produits diminuent progressivement, se détournant sur d'autres points où cette triste branche de trafic reste libre. Nous aurons occasion de revenir sur ce sujet très-important au point de vue du développement ultérieur des relations avec le Soudan.

Enfin, et il faut bien le déclarer ici, des réquisitions arbitraires de chameaux et des extorsions de plusieurs sortes sont parfois pratiquées sans scrupule, comme sans limite, sur des points de la haute Égypte, que leur éloignement même et la rareté des communications soustraient à la surveillance de l'autorité; aussi les transports par chameaux deviennent-ils chaque jour plus difficiles et plus coûteux sur l'une comme sur l'autre rive du fleuve où la navigation présente des obstacles et des difficultés naturelles.

Voilà incontestablement quelques-unes des principales causes qui tendent à détourner de l'Égypte le grand mouvement commercial du Darfour et des pays qui sont ses tributaires, pour le reporter sur des marchés lointains; il est aussi la cause des difficultés insurmontables que les voyageurs européens éprouvent pour pénétrer dans ces régions où leur présence suscite d'autant plus de méfiance qu'ils sont plus hautement recommandés à la protection du sultan. Nous croyons donc fermement que cette route naturelle et si facilement praticable pour pénétrer dans le cœur du Soudan restera, pour longtemps encore, fermée aux investigations de la science, tout comme aux relations du négoce.

Aujourd'hui donc, il n'y a plus à en douter, c'est par le Waday que le Darfour dirige, sur le littoral de la Méditerranée, la plus grande partie de ses productions naturelles et qu'il en retire difficilement, et à grands frais, les objets fournis à sa consommation ; parmi ces objets, nous notons plus particulièrement : les tissus de coton anglais, des étoffes de soie teintes, des draps légers, de la quincaillerie commune ; des épices, du sucre, de l'étain, du cuivre et de l'antimoine, des armes de guerre, du corail travaillé, etc. L'Égypte lui fournit aussi : des toiles de coton teintes et écrues, du sucre, des tarbouches, des livres de religion, du café, du savon, des tapis, quelques fusils, et d'autres objets de peu d'importance manufacturés dans le pays.

Nous tenons d'une personne qui a longtemps séjourné sur le haut fleuve Blanc, et qui a personnellement pris une part active au trafic de ces contrées, que des caravanes Foriennes se dirigent au sud par le Dar Fertit, où elles se montrent sur les différents marchés des Djour et s'y livrent à des opérations d'échanges assez suivies. Notre informateur croit aussi, sans pouvoir l'affirmer cependant, que les indigènes qui habitent les confins nord-ouest du Bahr-el-Gazal sont visités par les gens du Waday avec lesquels ils entretiennent quelques relations de commerce ; il a même recueilli ce renseignement bon à noter que les trafiquants connaissaient, dans le nord-ouest, des mines de cuivre très-riches exploitées par les indigènes, et qu'il avait tout lieu de croire que ce point est Kofrat-el-Nahas du Dar Fertit. Si ces informations sont exactes, on pourrait espérer, par suite de relations plus suivies et sagement ménagées, d'obtenir, sur les contrées qui séparent le Bahr-el-Gazal du bassin du Tschad, à peine distant de 9 à 10 degrés vers l'ouest, des indications précieuses sur l'état et la configuration du pays.

VIII

L'insuffisance des relations géographiques sur le Waday semble devoir nous priver des éléments essentiels pour déterminer, d'une manière même approximative, les mouvements de la vie commerciale dans cette contrée. Il n'en est heureusement pas ainsi; car en remontant du connu à l'inconnu, et en examinant avec attention l'état des rapports que ce pays entretient avec la côte méditerranéenne, on arrive ainsi, en se basant sur des faits observés et constatés, à cette conséquence, que le Waday est en rapports constants, quoique indirects, avec le commerce européen, et que même les transactions intérieures sont beaucoup plus développées que l'on n'est fondé à le supposer.

Pour faire apprécier la valeur de cette assertion, nous renvoyons à la lecture attentive de la relation arabe de Mohamed-el-Tounsy, traduite par Du Perron; les faits qu'il relate sont pleinement confirmés par la nature même des transactions qui s'opèrent dans les ports de la côte avec les caravanes de Ouarah ou de Mourzouk. Nous citerons d'abord l'emploi de piastres à colonnes (colonnates, *Douro-bou Mdfa*), comme signe d'échange dans les transactions: ce fait dénote incontestablement, dans les règles commerciales, une perfection dont sont encore bien loin les contrées du Soudan oriental, aujourd'hui soumises à la domination égyptienne. Si, de plus, nous nous reportons au récit de l'ouvrage que nous venons d'indiquer, le numéraire serait assez abondant dans le pays pour permettre aux sultans du Waday d'exiger la perception des impôts en argent et non en nature, quand il s'agit de sommes de lien naturel de commune solidarité leur fait considérer un acte de cette nature comme portant une atteinte profonde à leurs intérêts réciproques.

Nous avons dit plus haut les raisons qui poussent le courant commercial du Darfour, et comme conséquence celui du Waday, à s'éloigner des frontières de l'Égypte. Faut-il attribuer aux mêmes causes la diminution croissante de l'arrivée des caravanes à Bengazi? Nous ne pouvons l'affirmer, bien que quelques tracasseries fiscales n'y soient pas absolument étrangères; bornons-nous à indiquer que ces caravanes semblent trouver, depuis plusieurs années, plus d'avantage à se concentrer sur Mourzouk où celles de Tripoli leur apportent, en échange de leurs produits, toutes les marchandises à leur usage; citons plus particulièrement les suivantes : des tissus de soie teints, du drap et des cotonnades des manufactures anglaises, suisses et américaines, blanches ou imprimées; des tarbouches de Fez et d'Allemagne, du corail brut et travaillé, de la verroterie de Venise, de l'étain, du soufre, du sel, diverses épices, du café, du sucre, de la quincaillerie, du tabac du Levant, des selles, des colonnates, du papier, des livres religieux, des babouches, etc...

Elles apportent en échange : de l'ivoire, des cornes de rhinocéros, des gommes, du tamarin, des plumes d'autruches, des peaux brutes et maroquinées, des outres estimées, de la poudre d'or et beaucoup d'esclaves.

Nous terminerons notre travail par quelques considérations d'un ordre général, que nous croyons devoir se rattacher au sujet que nous traitons.

A différentes reprises nous avons indiqué la part considérable pour laquelle la traite des esclaves entrait dans le mouvement commercial du Soudan : c'est qu'il y a là une branche de trafic qui, indépendamment d'un certain entraînement qu'il paraît offrir aux gens qui s'y livrent, paraît, pour beaucoup de raisons, aussi leur procurer d'importants bénéfices. Cependant il est permis de douter que ces bénéfices soient réels. Dès la plus haute antiquité, déjà, l'Afrique intérieure a été, comme elle est encore de nos jours, le centre d'un immense approvisionnement d'esclaves; c'est bien toujours le grand marché pourvoyeur, qui, malgré les lois probibitives existantes, n'exporte encore pas moins de 500 000 individus annuellement, dont 100 000 environ servent à l'alimentation des marchés du Levant, de la Perse et de l'Arabie. Il serait fort difficile d'indiquer dans quelle proportion la région du haut Nil participe à ce mouvement, car on comprendra que des renseignements de cette nature ne peuvent s'obtenir que par voie de supputation; nous ne pensons pas, toutefois, que le chiffre en soit bien élevé, et encore ce débouché que nous soupçonnons ne pas être sans une certaine importance, s'opère-t-il par la mer Rouge beaucoup plus que par les ports égyptiens de la Méditerranée dans lesquels l'élément européen est trop nombreux pour qu'il ne soit pas tenu compte de ses susceptibilités. La grande caravane annuelle du Darfour en amenait autrefois un grand nombre sur les marchés égyptiens; mais, depuis que le gouvernement du pays a jugé devoir prendre certaines mesures restrictives, quelquefois heureusement appliquées, ce mouvement s'est considérablement ralenti, et certainement n'a pas été l'une des moindres causes de la diminution des rapports commerciaux avec cette contrée intérieure qui a reporté par le Waday, sur les côtes de la Méditerranée, une branche de trafic considéré, à bon droit, comme le plus important produit du pays.

Il serait bien difficile d'indiquer une moyenne de prix de revient à l'achat sur les marchés d'origine; il diffère considérablement selon l'âge du sujet, son sexe, sa race, etc... Dans le haut Sennaar, par exemple, le prix d'un enfant de huit à douze ans varie entre 150 et

350 francs ; les filles de douze à dix-huit ans s'évaluent de 500 à 750 francs ; l'esclave perd ensuite d'autant plus de sa valeur qu'il s'éloigne davantage de cette limite d'âge ; ceux d'origine Forienne sont d'un prix moins élevé. On évalue de 23 à 25 pour 100 la déperdition moyenne que subit ce capital vivant jusqu'à son arrivée à destination ; mais, lorsqu'une épidémie sévit dans les entrepôts, l'humanité s'afflige au récit des conditions honteuses dans lesquelles s'opère la liquidation, à tout prix, d'une *marchandise* qui fond, pour ainsi dire, dans les mains de l'entrepositaire. A Zanzibar, pendant l'épidémie cholérique de 1868-1869, plus de trente mille victimes ont succombé dans l'espace de quelques semaines !... Qu'on se figure, dès lors, quel doit être le sort de ces infortunés, lorsque, pour le prix d'un talari, l'acheteur fait fi de l'offre qui lui est adressée !... A quoi bon, dans ces conditions, nourrir un sujet fatalement voué à une mort certaine ? et quels drames intimes effrayants ne doivent pas se dérouler parmi le troupeau humain ainsi abandonné à ses sinistres destinées !...

Quelle que soit la réprobation qui s'attache à tout ce qui peut tendre à propager ou entretenir le trafic esclavagiste, peut-être, dans l'état actuel des choses, et pour faciliter la création de nouveaux rapports commerciaux à établir avec les populations primitives de l'intérieur du Soudan, y a-t-il lieu de tenir compte, dans une mesure très-limitée, sans doute, mais nécessaire pour les premiers débuts, des éléments qui ont été jusqu'à ce jour le principal, sinon l'unique objet des transactions. Dans les contrées centrales il n'existe aujourd'hui que deux produits proprement dits à recevoir en échange des nôtres ; l'esclave et l'ivoire forment le fond de toutes les transactions, et, il faut le dire, l'avantage est tout en faveur de ce premier objet ; cette préférence est facile à apprécier, du reste, si l'on tient compte de l'énorme trajet à parcourir pour atteindre les comptoirs de la côte où la marchandise prend une valeur en quelque sorte courante. Tandis que l'esclave se mouvant de lui-même, arrive ainsi sans frais jusqu'à destination, l'ivoire nécessite un nombre de porteurs assez considérable dont il faut salarier les peines, sans compter, outre toutes les difficultés que rencontrent souvent les trafiquants à s'en procurer en quantité suffisante, les vols, les désertions et les exigences de toute sorte qui se produisent en présence des moindres éventualités inévitables dans les pénibles et longues courses de l'intérieur; aussi la marchandise a-t-elle considérablement augmenté de valeur à l'arrivée, par suite des frais qu'elle a occasionnés, alors que celle de l'esclave prend la sienne de la seule différence se produisant entre le prix d'achat au lieu d'origine et le prix de vente du marché sur lequel il est conduit; encore lui impose-t-on, la plupart du temps, l'office de porteur : le propriétaire en retire ainsi un profit dont la réalité n'est que trop évidente.

Il faut bien le reconnaître, la plaie de l'esclavage est un mal moral que tous les décrets, tous les traités, seront impuissants à détruire, et le chiffre de cinq cent mille individus, cité plus haut, enlevés annuellement du centre de l'Afrique, confirme pleinement cette triste vérité. L'adoption de certaines réformes, comme la répression de certains abus, pourront peut-être avoir d'autant plus facilement raison des résistances, que l'on saura arriver, par une progression lente et graduée, à atteindre le mal dans sa racine; les pays à esclaves sont tous assez richement dotés par la nature pour pouvoir, par leurs seules productions, suppléer avantageusement au trafic de chair humaine, le jour où les populations trouveront une compensation avantageuse et facile dans l'exploitation de produits naturels qu'elles négligent absolument aujourd'hui, faute de connaître et même de soupçonner la valeur que nous y attachons.

Les éléments généraux sur lesquels repose le commerce actuel de l'Europe avec le Soudan, ne sont encore qu'en germe dans l'exploitation imparfaite et tout arbitraire que nous en voyons faire aujourd'hui ; le développement d'une agriculture appropriée au sol et au climat, la connaissance et l'étude des nombreuses et précieuses ressources végétales, la recherche des gisements métallifères qui paraissent très-abondants dans les régions montagneuses, tels doivent être les indispensables précurseurs des futures relations entre le centre de l'Afrique et les pays civilisés. Peut-être la grande question esclavagiste trouvera-t-elle sa solution finale au cœur même du pays qui lui a donné naissance, par l'emploi des infortunées victimes de ce trafic honteux sur le sol de leur propre patrie et en leur procurant l'émancipation par le travail libre. Lorsqu'en 1822 la philanthropie américaine fonda sur la côte de Guinée la petite république de Libéria, en rendant à la liberté des noirs que d'heureuses circonstances arrachaient à la servitude, son but principal a été de les initier à la vie de travail indépendant, en faisant naître chez eux, et répandre au loin par eux, les principes civilisateurs auxquels ils avaient été préalablement préparés. Cette touchante institution, dont la création n'a demandé que des dépenses insignifiantes, a produit, sans s'arrêter un seul instant, les résultats les plus heureux ; déjà de nombreuses tribus avoisinantes se sont placées sous sa protection, et, dirigées par les colons noirs qu'elles ont demandés elles-mêmes, elles se livrent avec fruit au travail de leur sol ; le caféier, le cotonnier, l'indigotier, la canne à sucre, y prospèrent à merveille, et tout fait présager la formation prochaine d'un grand état indépendant dont les destinées sont assurément appelées à exercer une action puissante sur l'avenir des populations africaines.

Quel exemple plus frappant et mieux approprié à notre sujet pourrions-nous donner de ce qu'il y a à tenter dans l'intérieur du Soudan, et quel champ plus vaste et plus fertile en heureuses conséquences pourrait être ouvert aux spéculations commerciales et philanthropiques ?... Sol inépuisable, surabondamment arrosé sous des latitudes brûlantes ; richesses végétales énergiquement stimulées, donnant spontanément et presque sans culture, le coton, l'indigo, la canne à sucre, le café, les gommes et les aromates de toute sorte ; productions auxquelles il serait facile d'ajouter le poivre, la vanille, la muscade, la cannelle, le cacao, les épices, etc. ; sans compter les bois de teinture, les produits oléagineux si abondants sous la zone tropicale, et tant d'espèces d'arbres et de végétaux encore inconnus, dont la revélation pourrait résoudre d'utiles problèmes !... Et, au milieu de cette profusion d'éléments de prospérité, s'agite une population vivace que la traite arrache incessamment de ses foyers pour la livrer, sur une terre étrangère, à ces mêmes travaux de culture qu'il serait si utile et si profitable de lui imposer chez elle, sur son propre sol, au plus grand avantage de tous les intérêts !...

Dans les contrées où s'opère aujourd'hui le commerce du Soudan, il faut reconnaître, pour la déplorer, l'absence la plus complète de toute préoccupation d'avenir, de toute idée de conservation. Exploiter à outrance des produits d'une réalisation facile et lucrative, alors même que de science certaine c'est en tarir les sources de production, telle est la seule méthode du trafiquant arabe et l'unique objet de ses égoïstes conceptions.

Et, après tout, que peut lui importer le ménagement de ressources dont demain, peut-être, il se verra revendiquer la libre exploitation ?

Paris.— Imprimerie de E. MARTINET, rue Mignon, 2.

www.ingramcontent.com/pod-product-compliance
Lightning Source LLC
LaVergne TN
LVHW020423230826
846091LV00004B/1390

9782013675215

quelque importance ; ajoutons encore que les caravanes importent annuellement une assez grande quantité de colonnates d'autant plus recherchées qu'elles portent un certain millésime dont nous n'avons pu recueillir l'indication exacte dans nos notes, mais que nous nous rappelons être d'origine hispano-américaine, et dont la fabrication correspond à l'époque où l'Espagne faisait frapper une partie de ces pièces à Mexico.

Voici un fait qui, entre tous, peut nous éclairer sur les mœurs commerciales de ce pays ; je le tiens de la bouche même d'un ancien drogman du consulat de France à Bengazi, et il m'a été confirmé par un négociant anglais du même lieu.

Les caravanes du Waday emportent souvent dans leur pays des marchandises pour un chiffre plus élevé parfois que celui des marchandises qu'elles apportent à la côte ; cette différence implique un crédit qui repose uniquement sur la foi mutuelle des parties contractantes ; dans ce cas, bien que le conducteur de la caravane, qui, ayant traité en son seul nom, est ainsi devenu seul responsable vis-à-vis du prêteur, ne reparaisse souvent qu'une ou même plusieurs années après son départ et que le prêteur n'en reçoive pas de nouvelles, le cas est excessivement rare où ses engagements restent inexécutés ; il s'est vu cependant, mais il faut l'attribuer bien plus à un acte de piraterie ou à tout autre événement imprévu de force majeure, qu'à la mauvaise foi du débiteur. Comme l'Océan, le désert a ses tempêtes et ses écumeurs ; si les naufrages n'y sont pas fréquents, ses vagues de sables ne rendent pas plus que celles de la mer les victimes qu'elles engloutissent, et, plus inexorables encore, elles ne laissent jamais échapper leurs victimes. Du reste, tous les chefs de caravanes se connaissent, et, comme ils ont entre eux des rapports d'intérêts, un pareil acte d'improbité ne resterait ni inconnu ni impuni par la seule raison qu'un